Thomas Altfelix (Hg.)
Studierende und Franz Fischers Bildungsphilosophie

DOKUMENTATIONEN
ZUR WECHSELSEITIGEN BILDUNG

Grunderfahrungen mit Franz Fischers Bildungsphilosophie

Heft 1

Herausgegeben von
Thomas Altfelix, Anne Fischer-Buck, Inga Will

Thomas Altfelix (Hg.)

Studierende und Franz Fischers Bildungsphilosophie

Mit Beiträgen von
Th. Altfelix, A. Bork, A. Fischer-Buck, Chr. König,
I. Juschak, J. Proporowitz, M. Stachurski, P. Wagner

Leipziger Universitätsverlag 2006
Anne Fischer Verlag Norderstedt 2006

Bibliografische Information der Deutschen Bibliothek

Die Deutsche Bibliothek verzeichnet diese Publikation in der Deutschen
Nationalbibliografie; detaillierte bibliografische Daten sind im Internet über
http://dnb.ddb.de abrufbar.

Das Werk einschließlich aller Abbildungen ist urheberrechtlich geschützt.
Jede Verwertung außerhalb der engen Grenzen des Urheberrechtsgesetzes ist ohne
Zustimmung des Verlages unzulässig und strafbar. Das gilt insbesondere für
Vervielfältigungen, Übersetzungen, Mikroverfilmungen und die Einspeicherung und
Bearbeitung in elektronischen Systemen.

© Leipziger Universitätsverlag GmbH 2006
© Anne Fischer Verlag Norderstedt 2006
Satz: Thomas Altfelix
Umschlaggestaltung: berndtstein | grafikdesign, Berlin

ISBN 3-86583-122-2 (Leipziger Universitätsverlag)
ISBN 3-926049-52-9 (Anne Fischer Verlag)

Danksagung

Die Entstehung dieses Bandes wäre nicht möglich gewesen ohne die Hilfe verschiedener Personen.

Ich möchte deshalb zuerst den beitragenden Teilnehmern sowohl am Symposion als auch am Fischer-Seminar für ihr Interesse am Dialog über Franz Fischer danken.

Des Weiteren danke ich Frau Dr. Anne Fischer-Buck ganz herzlich für ihre konzeptionelle und editorische Unterstützung, sowie insbesondere auch für die Möglichkeit der Veröffentlichung der hier vorliegenden Beiträge im Anne-Fischer-Verlag.

Schließlich geht mein Dank an Frau Inga Will für maßgebliche Impulse bei der Gestaltung und Zusammenstellung dieses Bandes.

Thomas Altfelix
(Herausgeber)

Inhalt

STATT EINES VORWORTES (Anne Fischer-Buck)   I

EINLEITUNG (Thomas Altfelix)   1

Studierenden-Beiträge zu Franz Fischer

Paul Wagner   15
FRANZ FISCHER - 1929 – 1970.
EIN LEBEN IM DIENSTE DER PHILOSOPHIE

Jan Proporowitz   27
FRANZ FISCHER UND DIE ERZIEHUNG DES GEWISSENS.
MÖGLICHKEITEN DER REZEPTION IN DER HEUTIGEN PÄDAGOGIK

Christina König   47
FRANZ FISCHER UND SEIN VERSTÄNDNIS
DER BEGRIFFE DES GEWISSENS SOWIE DER PROFLEXION

Iwa Juschak   65
FRANZ FISCHERS SCHRIFTEN
»BILDUNGSNOT« UND »FRIEDENSFORSCHUNG«

Jan Proporowitz   79
FISCHERS WIENER STUDIENZEIT.
ANREGUNGEN ZUR STUDENTISCHEN REZEPTION

Martyna Stachurski   99
FRANZ FISCHER
AUS EINER WENIGER WISSENSCHAFTLICHEN SICHT

Annette Bork   105
BUCHBESPRECHUNG: DIE ERZIEHUNG DES GEWISSENS.
EINBLICKE UND GEDANKEN

Zum Abschluss

Thomas Altfelix   113
VON DER NOTWENDIGKEIT UND DER SCHWIERIGKEIT
EINER REZEPTION DER BILDUNGSPHILOSOPHIE FRANZ FISCHERS

NACHWORT (Anne Fischer-Buck)   145

Statt eines Vorwortes

Anne Fischer-Buck

An die Autorinnen und Autoren der Fischer-Referate,

als Thomas Altfelix mir von seinem Vorhaben eines Studierenden-Symposions erzählte, habe ich mich gleich außerordentlich darüber gefreut. Detlef Zöllner, der die Franz-Fischer-Jahrbücher herausgibt, hat einmal gesagt: „jeder steigt an einer anderen Stelle bei Franz Fischer ein und lernt ihn nach und nach kennen und kommt dabei weiter." Ich habe mir das wie das Einsteigen in einen Zug vorgestellt, mit dem man durch eine unbekannte Landschaft fährt. Während man aus dem Fenster sieht, bekommt man neue Eindrücke und tauscht sie mit den Mitreisenden aus. Ist man angekommen, so bleibt diese Erfahrung für den eigenen Lebensweg, den man nun wieder unter die Füße nimmt. Mir ist es seinerzeit so gegangen. Ich nahm von dieser Reise eine Art Kompass für unübersichtliche Lebenssituationen mit. Im Lesen Ihrer Texte finde ich nun auch Ihr ganz individuelles und ganz verschiedenes Einsteigen vor. Das ist der Grund, warum ich in Ihren Referaten und Seminararbeiten die Möglichkeit sehe, etwas zu dokumentieren. Was ist es denn nun eigentlich, was sich hier dokumentiert?

In einem seiner ersten Referate im Seminar bei dem Wiener Philosophen Erich Heintel (in: „Sinn und Wirklichkeit") fragt der 25-jährige Franz Fischer: „Was ist denken?" Es stellt sich im Laufe einer logischen Gedankenbewegung heraus, dass wir, während wir denken, nicht über dieses aktuelle Denken nachdenken können. (Versuchen Sie es mal.) Während wir das versuchen, wird unser aktuelles Denken zu einem schon gedachten Denken; z.B. „Ich habe eben gedacht, dass ich mein Denken denken will". D.h., es gibt etwas in mir, das ich nicht erkennen kann. Und so kann man auch unterscheiden zwischen dem lebendigen Philosophieren, das von diesem unerkennbaren eigenen Inneren ausgeht und der in Büchern aufgeschriebenen und durch viele Generationen seit den Griechen und anderen Kulturen tradierten Philosophie. Die Quelle der philosophischen Systeme – und das geht aus dem Fischerschen Referat hervor – ist aber auch hier das lebendige Philosophieren. Zugleich jedoch steht dieses lebendige Philosophieren in einem ständigen dialektischen – man kann auch sagen dialogischen – Verhältnis zu dem, was wir vorher gedacht (und gesagt) haben und zu den Philosophien großer Denker.

Etwas von diesem persönlichen lebendigen Denken steckt in Ihren Texten und es zeigt sich auch, was entsteht, wenn sich das eigene Philosophieren in Beziehung zum Gedachten setzt. Denn jeder philosophiert, denkt über sein und das Leben überhaupt nach – in Ihrem Symposion war es nun über die Bildungsphilosophie Franz Fischers. Selten kommt man an solche Anfangs-Texte, auch darum, weil im Lehrbetrieb so etwas Vorläufiges, das es auch riskiert, Ungesichertes zu vertreten, sich wegen der Leistungsbewertung nicht hervorwagt.

Natürlich sind aufgeschriebene Referate oder Seminararbeiten nicht so lebendig wie das mündliche Gespräch, aber sie sind auch nicht solch ein festes Gebäude, wie es z.B. das Werk Kants ist. Daher ist auch unsere Haltung beim Lesen eines Textes aus der Geschichte der Philosophie eine andere als die Haltung beim Lesen eines Ihrer Referate. Ist man bei Standardwerken mehr auf Lernen aus, stellt sich bei Ihren Texten ganz schnell das Bedürfnis ein, etwas dazu zu sagen, vielleicht als Widerspruch oder auch als bestätigender Beitrag einer Erfahrung aus dem eigenen Leben.

Es geht mir nun darum, das lebendige, ganz persönliche Philosophieren sozusagen anschaulich zu machen, zur Unvollkommenheit und Vorläufigkeit zu ermutigen, denn angesichts dessen, was Franz Fischer unter *Wirklichkeit* verstand, ist alles Gesagte, auch das unserer großen Philosophen, vorläufig und unvollkommen, dennoch kann es mehr oder weniger auf dem rechten Weg sein und uns auf unserem eigenen Weg voran bringen.

Nun fasziniert mich dabei noch ein weiterer Gedanke: Franz Fischers eigenes Philosophieren war so sehr vom Bewusstsein dieser Vor-Läufigkeit geprägt, dass er bei seinem Tod als Buch nur wenige Gedanken zur Veröffentlichung freigegeben hatte. Selbst seine Dissertation war nicht gedruckt, wurde allerdings in Wien von den Studenten wie ein Standardwerk der Philosophie gelesen. Seine philosophische Existenz war vom Mündlichen des lebendigen Philosophierens geprägt. Auf der einen Seite sprach er in Gedanken mit den großen Philosophen unserer europäischen Geschichte, auf der anderen aber ganz konkret mit dem jeweiligen Gesprächspartner. So ist z.B. der zweite Teil der *Bildungskategorien* ein wörtlich aufgeschriebenes Protokoll von über Tage sich hinziehenden Gesprächen mit mir.

Dieses lebendige Philosophieren begann in Wien im Heintelkreis, bei dem der noch junge Professor Erich Heintel wohl ebensoviel von seinen Schülern lernte wie diese von ihrem Lehrer. Man kann bei solchen Lehrer-Schüler-Beziehungen eine ähnliche Tradition feststellen wie bei Eltern-Kindern-Verhältnissen, nämlich Generationen. So entstand die zweite Lehrer-Schüler-Generation, als nun Franz Fischer selbst in Bonn zum Lehrer wurde und sich diese Gesprächskultur der *Wechselseitigkeit* gleichsam vererbte. Zu dieser Generation gehörten die damaligen Studierenden und Doktoranden Ursula Cillien-Naujeck, Ursula Börner, Heinz Nattkämper, Karl H. Schäfer, Rosemarie von Schweitzer und andere und auch seine beiden Nachfolger am Bonner erziehungswissenschaftlichen Institut, die damals jungen Herausgeber Dietrich Benner und Wolfdietrich Schmied-Kowarzik. Die Schüler dieser Generation sind u.a. Reinhard Aulke, Frank Döring, Josef Neumann, Gerd Radeke, Thomas Schnelling, Detlef Zöllner. Sie sind die dritte Generation, die in Tagungen und Veröffentlichungen an der Rezeption des Fischerschen Philosophierens arbeiten und nun schon die vierte Generation inspirieren, wobei Thomas Altfelix Franz Fischer allein entdeckte. Sie alle sind aber nicht einfach »Fischer-Schüler«, sondern sie haben aus der Begegnung mit Franz Fischer wesentliche Impulse für den eigenen Weg gewonnen. Natürlich gibt es auch Querverbindungen schon in Wien zu Michael Benedikt und Herbert Hornstein, später dann zur Logotherapie, über deren Sinnfrage sich eine natürliche Beziehung zu Viktor E. Frankl, Alfried Längle, Karlheinz Biller und Karl Garnitschnig ergab; weiter auf anderem Wege zu Arnold Köpcke-Duttler und Otto Hansmann. Eher eine gemeinsame Wurzel als eine Querverbindung ist die lebendige Beziehung zur jüdischen Dialogphilosophie durch den Israeli Shlomo Marcus, über den dann Monika Kaminska Franz Fischer entdeckte.

Trotz dieser vielfältigen Verbindungen, ist die Fischersche Bildungstheorie doch weitgehend unbekannt. Wenn ich das bedenke, dann frage ich mich, warum ist dieser Strom des Philosophierens nach einem halben Jahrhundert dennoch nicht versiegt? Und ich glaube, das hängt damit zusammen, dass die Erkenntnisse nicht in Franz Fischer selbst ihren Ursprung haben, sondern in dem, was er die *Wirklichkeit* nennt. Diese ist mit überwältigender Macht in ihn eingefallen, und er hat zeitlebens versucht, diesem Anspruch im *Wahr-sein-wollen* gerecht zu werden, Und damit hat er vielleicht etwas angerührt, was in jedem von uns als Sehnsucht lebt und eine Hoffnung für die Zukunft ist.

Die Einleitung von Thomas Altfelix lese ich wie eine umfassende Beschreibung der wissenschaftlichen Situation heute für die „verspätete Rezeption". Er macht genau den Vorschlag, den ich selbst als besten erlebt habe: Dort anfangen, wo wir uns angesprochen fühlen. Und eben das tun Sie in Ihren Beiträgen. Wenn man dann zum Schluss das Referat von Thomas Altfelix liest, kann man sich die Weite der Spannung in Ihren Seminar-Gesprächen vorstellen. Dieses Referat gehört für mich zum Besten, was ich in der Rezeption Franz Fischers kenne. Und daraus ergibt sich vielleicht so etwas wie die Reisebegleitung in dem erwähnten Zug, mit seinen immer neuen Ausblicken auf die Lebenslandschaft und seinen immer neuen Möglichkeiten auszusteigen und wieder einzusteigen.

Für mich war es eine große Hilfe zum Verstehen der Sinntheorie, sie eingebettet zu sehen in das erlebte Leben mit seiner ständigen Aufforderung, sich einzumischen und zu handeln oder auch gerade nicht zu handeln, sondern abzuwarten. In der Lebenssituation ist die Logik der Fragebewegung immer vorgegeben. Sie ist nicht ausgedacht. Und darum impliziert sie eine immer präsente Möglichkeit der Sinnfindung, aus der die Entscheidungen hervorgehen. Ich glaube, wenn Sie diese »Handreichung«, wie Franz Fischer das nannte, einmal konkret in einer problematischen Lebenslage als hilfreich erlebt haben, werden Sie das Ganze von innen und als gar nicht so schwierig verstehen. So zu denken, kann einem zur Natur werden. Darin liegt kein naiver Optimismus, ich habe diese Theorie, diese Schau so erfahren, dass gerade im Erschrecken über unser aller Egozentrizität im persönlichen und politischen Leben wir nun auch das Gegenteil – die ganz selbstverständlich geübte Mitmenschlichkeit – umso deutlicher entdecken. Und daraus kann eine Art unverwüstlicher Zuversicht entstehen.

Norderstedt, Dezember 2005

Einleitung

Thomas Altfelix

Die in diesem Band zusammengetragenen Beiträge sind das Ergebnis einer – hauptsächlich – studentischen Auseinandersetzung mit dem Bildungsphilosophen Franz Fischer und seinem Werk. Die Texte sind aus Seminaren[1] und aus einem Studierenden-Symposion zum Thema „Sinnbildung als Bildungssinn"[2] hervorgegangen.

Drei Aufgaben soll dieses Buch prinzipiell erfüllen. Erstens dokumentiert es eine Rezeption Fischers, die aus einem relativ unmittelbaren Eindruck seines Denkens entstanden ist. D.h., Fischer wird hier mit den Augen heranwachsender AkademikerInnen betrachtet, deren Perspektive noch nicht von einer bereits internalisierten oder bevorzugten Denkschule geprägt worden ist. Zweitens geben die vorliegenden Texte Aufschluss über einige Schwierigkeiten in der Fischerrezeption. Drittens schließlich zeigen die Beiträge verschiedene Zugangsmöglichkeiten zum Denken Fischers auf.

Im Folgenden möchte ich mit einigen einleitenden Kommentaren zur pädagogischen Auseinandersetzung mit Franz Fischer an die drei genannten Aspekte anknüpfen. Dabei ist vorauszuschicken, dass die Beiträge diese teils selber ankündigen, teils jedoch nur implizieren. In jedem Falle handelt es sich um Aspekte, die in verschiedenen Gesprächen mit Studierenden über Franz Fischer wiederholt thematisiert wurden.

---

[1] „Menschenwürde und Bildung der Person" im SoSe 2004 an der Julius-Maximilians-Universität, Würzburg (Seminarleiter: Prof. Dr. A. Köpcke-Duttler) & „Die Frage nach dem Sinn: Franz Fischers Beitrag zur Pädagogik", Seminarveranstaltung im SoSe 2004 am Institut für Pädagogik der Universität Potsdam (Seminarleiter: Th. Altfelix).
[2] „Sinnbildung als Bildungssinn: Annäherungen an das Denken des Bildungsphilosophen Franz Fischer (1929 – 1970), Studierenden-Symposion im Juni 2005 am Institut für Pädagogik der Universität Potsdam.

I) Der unmittelbare Eindruck

Geistesgeschichtlich und wissenschaftstheoretisch ist Fischers Denken nicht leicht einzuordnen. Der geschulte Philosoph, Pädagoge oder Theologe wird natürlich nach kurzer Einsicht in die Schriften anhand der Begrifflichkeiten eine Konvergenz verschiedener Denktraditionen identifizieren können. Die Versuchung ist daraufhin jedoch sehr groß, Fischer nur noch unter der Vorgabe einer Einreihung in diese Traditionen – und sei es auch als ihre Negation im Sinne einer Zäsurerscheinung – lesen und begreifen zu wollen. Dabei könnte leicht übersehen werden, dass Fischer seine zentralen Begriffe oft mit einer »wörtlichen« Bedeutung versieht, die nicht immer (direkt) aus dem Verständnis einer ihn tangierenden Traditionslinie heraus zu erkennen ist bzw. die in seinen Schriften nicht explizit herausgearbeitet wird. Beispielsweise ist dem Fischerschen Verständnis des Begriffs der »Wirklichkeit« der Bezug zu der Bedeutung inhärent, die die Mystiker des 13. Jahrhunderts ursprünglich dem Adjektiv „*würklich*" bzw. „*würkenlich*" im Sinne von „*durch Handeln geschehend*"[3] zugesprochen haben. Fischers Beschäftigung mit den Mystikern steht jedoch nicht im Vordergrund seiner Werksgeschichte[4] und dennoch ist der Begriff der Wirklichkeit *in dieser Bedeutung* einer *der* zentralen Begriffe seines gesamten Denkens.

Die (implizierte) »Wörtlichkeit« speist sich bei Fischer nicht nur aus der Etymologie, sondern auch auf offensichtlichere Weise aus seinem Umgang mit der Semantik und der Morphologie. Auch hier hat man das Gefühl, dass Fischer sich gezielt der Bildhaftigkeit des Wortes bedient, um seiner Wahrhaftigkeit (»Wörtlichkeit«) mehr Ausdruck zu verleihen: *Einfall* als *Einfallen ins Denken*; *Notwendigkeit* als *Wenden der Not*; *Anspruch* als *Angesprochenwerden*[5], um nur einige philosophisch ausgerichtete Begriffe zu nennen. In Anbetracht dieser ausgeprägten Sensibilität für die Sprache wäre sogar zu fragen, ob Fischers Schriften nicht auch

---

[3] siehe hierzu: Wolfgang Kaempfer, Das Gefängnis der Freiheit, in: Paragrana 6/1 (1997), S.81-103: S.83.
[4] zu Fischers Beziehung zu den Mystikern, siehe: Anne Fischer, Franz Fischer – 1929 bis 1970, in: Franz Fischer, Philosophie des Sinnes von Sinn. Frühe philosophische Schriften und Entwürfe (1950 – 1956). 1. Bd. d. nachgel. Schriften, hrsg. und mit einer Einleitung versehen v. E. Heintel, Kastellaun 1980, S.201-217: S.203.
[5] siehe hierzu: den Beitrag „Von der Notwendigkeit und der Schwierigkeit einer Rezeption der Bildungsphilosophie Franz Fischers" in diesem Band.

auf der alltagssprachlichen Ebene mit Wörtern übersät sind, die einen besonderen „Wesensanspruch [...] hinter den Bedeutungen"[6] erheben – etwa im Falle der Gegenüberstellung von „Behauptung" und „Begründung", wie Fischer sie in seinem Beitrag *Was heißt: die Wahrheit sagen?*[7] darlegt. »Wörtlich« betrachtet, enthüllen beide Begriffe in diesem Falle eine viel wahrhaftigere Bedeutung, als sie eine konventionelle Lesart hervorbringen würde. So etwa: Be*haupt*ung = das Haupt/den Kopf betreffend, also eine Sache des Verstandes (vgl.»kognitiver Sinn«); und Be*gründ*ung = den Grund betreffend, also eine Sache der Grundlage sowohl im Sinne des zu Erfragenden (»Beweggrund«) als auch des Seinsgrundes, der uns unabhängig von unseren Überlegungen trägt (vgl.»positiver Sinn«). Diese »wörtliche« Bedeutungsebene ist unmittelbar zu erspüren, bevor sie in einem »sprachlichen« Sinne erfasst werden kann. Bereits Fischers vorproflexive, noch auf wissenschaftliche Vermittlung ausgerichtete Sprache offenbart also schon die Eigenschaft des Ereignishaften, des Anspruches der Wirklichkeit an den individuellen Leser. Mit den Worten der zeitweiligen Wiener Kommilitonin Fischers, Ingeborg Bachmann, zur Proklamation einer »neuen Sprache« lässt sich Fischers Verständnis von Sprache vielleicht am eindringlichsten beschreiben:

„[...] sie gehorcht einer Veränderung, die weder zuerst noch zuletzt ästhetische Befriedigung will, sondern *neue Fassungskraft*. Von einem *notwendigen Antrieb*, den ich vorläufig nicht anders als *einen moralischen vor aller Moral* zu identifizieren weiß, ist gesprochen worden, einer Stoßkraft für ein Denken, das Erkenntnis will und *mit der Sprache und durch Sprache hindurch* etwas erreichen will. Nennen wir es vorläufig: *Realität*. [Hervorhebung, T.A.]"[8]

Für Studierende zeigt sich in den Schriften Fischers deshalb ein paradoxes Leitmotiv. Einerseits sind sie geprägt von einem oft schwer vermit-

---

[6] Franz Fischer, Darstellung der Bildungskategorien im System der Wissenschaften [3. Band], aus dem Nachlass hrsg., eingeleitet und mit Nachworten versehen v. D. Benner & W. Schmied-Kowarzik, Kastellaun 1975, S.112.
[7] in: Franz Fischer, Die Erziehung des Gewissens. Schriften und Entwürfe zur Ethik, Pädagogik, Politik und Hermeneutik. 2. Bd. d. nachgel. Schriften, hrsg. und mit einem Vorwort und Nachwort versehen v. J. Derbolav, Kastellaun 1979, 2. erw. Aufl., Norderstedt 1999, S.44-55: insbesondere S.47.
[8] in: Ingeborg Bachmann. 4. Bd.: Essays, Reden, Vermischtes, hrsg. v. Chr. Koschel u.a., München 1984 [3. Aufl.], S.192f.

telbaren wissenschaftlichen Inhalt, der die teils sehr komplizierten Gedankengänge eines disziplinierten Philosophen in seiner kritischen und innovativen Auseinandersetzung mit etablierten Denkschulen wiedergibt. Andererseits werden diese Gedankengänge mit einer ereignishaften Anschaulichkeit präsentiert, die es dem Leser trotz des hohen fachlichen Anspruches erlauben, immer wieder zur eigentlichen Botschaft Fischers vorzustoßen. Mithilfe der »Wörtlichkeit« der Aussagen wird dem Leser an entscheidenden Stellen über seine eventuellen Verständnisschwierigkeiten hinweggeholfen. Somit greifen Komplexität der »Sprachlichkeit« und Transparenz der »Wörtlichkeit« immer wieder ineinander. Sie können in Fischers Denksystem nicht unabhängig von einander existieren. Denn die Grenze des Denkens prinzipiell und, analog zu ihr, die konkret-individuelle Verstehensgrenze einer/s Fischerinteressierten in der Jeweiligkeit ihrer/seiner Lernsituation, muss in den Schriften immer wieder aufgezeigt werden, damit der Anspruch des unserem Denken vorausgesetztbleibenden Sinns überhaupt wahrgenommen werden kann!

Es ist demnach stets zu bedenken, dass die Vermittlung der Sinntheorie über den Weg der geistesgeschichtlichen oder wissenschaftstheoretischen Kategorisierung Fischers (sei es als hegelkritischer Denker der Grenze, als Dialogiker, als Theoretiker eines kategorialen Bildungsbegriffes etc.) immer nur einen »begrenzten« Erfolg haben wird, insofern jeglicher Versuch einer logisch-analytischen Herangehensweise wohl den »kognitiven Sinn« der Aussage, nicht aber den »positiven Sinn« des von Fischer Gemeinten erschließen kann. So wie *innerhalb der Sinntheorie* Sachverhalte nur in ihrer Vermittlung als Sollens- bzw. Sinngehalte einen Bildungssinn aufweisen, so ist auch die bildende Wirkung der *Sinntheorie an sich* nur im Rahmen einer »reflektierenden Vermittlung« zu entfalten. Fischers Sinntheorie lediglich als Gegenstand einer inhaltlichen Vermittlung zu betrachten, verfehlt ihr gesamtes Prinzip. Letztendlich ist auch die Theorie des Sinnes von Sinn wiederum sinntheoretisch zu vermitteln! Wird dies vergessen, entsteht nicht selten eine Situation, in der das Ringen um ein Verständnis des »Prinzips Fischer« zu einem Bestreben entartet, die „*vorausgesetzte unvermittelte Wirklichkeit*"[9] irgendwie intellektuell zu erfassen oder als Konstrukt ihres (Vor-) Denkers zu ent-

---

[9] Fischer 1975, S.81.

tarnen, um diese Vorbedingung schließlich bestätigen oder verwerfen zu können. Mit dieser Intention befindet man sich aber bereits auf dem Holzweg. Denn dieser kann nur zu der Erkenntnis führen, dass eine persönliche oder gar intersubjektiv mitteilbare Bestätigung oder Verwerfung des Fischerschen Prinzips unmöglich und in dieser Form der Argumentation auch sinnlos sein muss.

Die „reflektierende Vermittlung"[10] der Sinntheorie selbst beginnt erst dort, wo diese Erkenntnis eines fehlgeleiteten *Wahrheit-wissen-Wollens* sich in die Einsicht verwandelt, dass die Beschaffenheit jeglichen Voraussetzungssinnes nie losgelöst von ihrem positiv-allgemeinen »Wozu?« begriffen werden kann. Denn dieses vom Gewissen aufgeworfene »Wozu?« ist nur im Überwindenwollen eines im philosophischen Intellektualismus gefangenen »Denkens von Denken« zu verspüren.

Es ist deshalb entscheidend, von welcher Absicht, von welcher Einstellung die Rezeption des Werkes Franz Fischers begleitet wird. Inhaltliche Erkenntnisse werden die Suche nach einem tieferen Sinn in seinen Texten nur begünstigen, wenn sie mit einer persönlichen Einstellung des eigenen *Wahrseinwollens* gegenüber dem von Fischer Geschriebenen einhergeht. Dazu gehört das Bewusstsein, dass man in der Allgemeinheit der Worte, wie Fischer sie in ihrer »Sprachlichkeit« zu Papier gebracht hat, auch konkret-individuell von ihrer »Wörtlichkeit« be- und getroffen werden kann, sobald man in ihnen als Leser die Verwirklichung eines persönlichen Motivs erkennt.

Ich möchte diesen Vorgang an meiner eigenen ersten Begegnung mit Fischers Werk veranschaulichen: Auf der Suche nach Werken zu meinem Forschungsthema *Fremdheit als pädagogische Kategorie* streifte ich vor einigen Jahren durch die Badische Landesbibliothek in Karlsruhe. Den Namen Franz Fischer hatte ich bereits, dank einer Fußnote im Zusammenhang mit dem Begriff des „Anderen in der Pädagogik", in meinem Gedächtnis abgespeichert, jedoch ohne die Absicht, in diese Richtung weiterzurecherchieren. In der Landesbibliothek sind die Bücher chronologisch gemäß dem Anschaffungsjahr und nicht thematisch geordnet. Zu-

---

[10] ebenda, S.24, passim.

fällig stand ich also plötzlich vor einer kleinen Reihe von Büchern, die den Namen Franz Fischer auf ihrem Buchrücken trugen. Ich entschied mich spontan für das dickste von ihnen und schlug es an der Stelle auf, an der eine Abhandlung mit dem Titel *Die Aporie des Selbst*[11] begann. Dort las ich:

„§1 »Ich« - »ich?«. »Ich bin« - »bin ich?« Bin ich, so bin ich, so ich bin. Bin ich, so ich bin, so bin ich nicht, so ich nicht bin. Bin ich nicht, so ich nicht bin, so bin ich entweder oder nicht."

So ging es über 13 Seiten, immer komplexer werdend, weiter! Der Anblick eines scheinbar so abstrusen Textes versetzte mich in einen Zustand der Fremdheit. D.h., ich fühlte mich einerseits von einer solchen Art der Formulierung abgestoßen, aber gleichzeitig, aufgrund ihrer Seltsamkeit und durch meine somit erweckte Neugierde, zu ihr hingezogen. Ich war damals auf der Suche nach dem Thema Fremdheit und Bildung *in einem Buch* gewesen und machte nun die Erfahrung der Fremdheit *an mir selbst* aufgrund eines Buches über Bildung. Der Sinn dieses Ereignisses wurde mir erst klar, als ich später bei Fischer nachlas, inwiefern Bildung nur dann stattfindet, wenn man selbst Teil ihrer unmittelbaren Wirklichkeit ist und nicht nur über sie nachdenkt. Daraufhin habe ich gelernt, Fischers Texte (von denen ich ausgerechnet den allerschwierigsten zuerst vor Augen bekommen hatte), in bewältigbaren Ausschnitten zu lesen. Und auch hier sollte sich oft bewahrheiten, was Fischer über die „Logik der Motivationshorizonte"[12] unserer Bildung schrieb: Erst dann, wenn Fischers Aussagen über Bildung eine persönliche Relevanz bekommen, beginnt man sie auch auf produktive Art und Weise besser zu verstehen.

II) Schwierigkeiten einer Fischerrezeption

Meine Erfahrungen als Seminarleiter haben mich auf eine Reihe von Schwierigkeiten aufmerksam gemacht, die sowohl in meiner Behandlung des Pädagogen Franz Fischers im Seminar als auch in der Fischerrezepti-

---

[11] in: Franz Fischer, Proflexion. Logik der Menschlichkeit. Späte Schriften und letzte Entwürfe 1960-1970, Werkausgabe Bd. IV, hrsg. v. M. Benedikt & W.W. Priglinger, Wien 1985, S.110-122.
[12] siehe hierzu: Fischer 1975, S.144ff.

on von Studierenden aufgetreten sind und das Verständnis beeinträchtigt haben:

Zum ersten wäre der Pädagogikbegriff zu nennen, mit dem Franz Fischer operiert. Was in den 1950ern und 1960ern als »Pädagogik« behandelt wurde, wird im heutigen Universitätsbetrieb im Wesentlichen als »Bildungsphilosophie« bzw. »Bildungstheorie« bezeichnet. Doch selbst dort wird »Pädagogik« selten in ihrer vollen – von Fischer ihr explizit zugeschriebenen – Reichweite behandelt. D.h., die Pädagogik wird nicht (mehr) als eine sittlich-praktische Wissenschaft der Philosophie, Theologie, Anthropologie und Erziehungslehre verstanden, die der methodischen Erschließung pädagogischer Aussagen anderer Fachdisziplinen, im Sinne einer Wissenschaftswissenschaft, dient. M.a.W., sie wird nicht mehr als eine *Allgemeine Pädagogik* aufgefasst. Als solche ist Fischers Theorie der *Bildungskategorien* jedoch zu behandeln. Die Rezeption seines Werkes scheint daher in Zukunft mehr denn je an das Schicksal einer Disziplin gekoppelt zu sein, deren Identität als eigenständige Wissenschaft immer weniger Anerkennung findet.

Zweitens baut Fischers Pädagogik in ihrer Eigenschaft als Sinntheorie auf einer „Grundlagenbesinnung"[13] auf, die nicht nur wissenschaftswissenschaftlich ist, sondern auch das Pädagogische als grundlegend betont. Analog zum Stand der Allgemeinen Pädagogik gilt also auch in diesem Falle, dass der Fischersche Ansatz sich gegen die weit verbreitete Ablehnung einer pädagogischen Grundlagenreflexion erfolgreich durchsetzen muss, um anerkannt zu werden.

Drittens ist in Fischers Pädagogik die *Art* der Grundlagenbesinnung zu bedenken. In der Sinntheorie geht es nicht einfach um ein anderes Wissen, das vergessen, noch nicht gedacht oder aus dem gegenwärtigen Wissenskanon verdrängt worden ist, sondern um eine andere Wissens*form*. Diese wiederum ist nicht als eine Alternative unter vielen Wissensformen – im Sinne eines poststrukturalistischen Pluralismus – zu verstehen, sondern als der *gewissenbedingte* Ausdruck von Wissen, als eine „*Ge-*

---

[13] ebenda, S.8.

wißheit über die empirische Gewißheit"[14], mit einer vorwissenschaftlichen und vorethischen Verbindlichkeit gegenüber dem „An-sich-Guten"[15]. M.a.W., das Wissen und das *Ge*wissen, als der persönliche Glaube an den Sinn seiner richtigen Anwendung, verschmelzen in Fischers Pädagogik derart, dass keine (erziehungs-) wissenschaftliche Aussage zu einer intersubjektiv überprüfbaren Allgemeingültigkeit von Gewissensentscheidungen für das (pädagogische) Handeln möglich ist. Wirksam werden kann die gewissenhafte Anwendung von Wissen also immer nur auf der konkret-individuellen, situativen Ebene des jeweiligen Lehr- und Lernsubjektes. Dazu muss die Stimme der Anleitung zur inneren Stimme des eigenen Gewissens des Lehrenden sowie des Lernenden werden und dieser Übergang kann auf der Ebene erzieherischer, schulischer oder universitärer Vermittlung nur vorbereitet werden.

Viertens vermischen sich in Fischers pädagogischer Konzeption innovative mit bereits als überholt geltenden Fachmeinungen. Hierbei zeigt sich generell das Problem einer verspäteten Rezeption. Zumindest in der pädagogischen Fischerforschung ist somit grundsätzlich eine Doppelstrategie vonnöten. Es geht sowohl um eine gezielte Einführung Franz Fischers in die aktuelle Diskussion über Bildung als auch um die gleichzeitige Aktualisierung seines Werkes in ihr.

Fünftens ist hinsichtlich dieser Aktualisierung der *Sprachgebrauch* Fischers in ganz besonderer Weise zu bedenken. Erschwert wird jeglicher Versuch einer *Übersetzung* der Fischerschen Terminologie in eine gängigere Fachsprache durch die Tatsache, dass dabei zugleich sein bereits angesprochenes Grundprinzip der »Wörtlichkeit« verletzt würde. Einerseits erhalten durch Fischer Begriffe wie »Sinn«, »Gewissen«, »Glaube« oder »Wissenschaft« eigentümliche Nuancen, die im heutigen Gebrauchsverständnis leicht zu Fehlinterpretationen des von Fischer Gemeinten führen und durchaus umschrieben oder gar anders benannt werden könnten. Andererseits zeugt ihre Verwendung von einer tiefgründigeren Bedeutung, die durch eine sprachliche Aktualisierung verlo-

---

[14] Fischer 1999, S.78.
[15] ebenda, S.72.

ren ginge. Eine Potenzierung dieser Sprachproblematik erfahren wir im Umgang mit der Kunstsprache der Proflexion.

Sechstens ist die Quellenlage der Originaltexte zu bemängeln. Wenn schon explizite Erläuterungen zur Sprache fehlen, dann wären genauere Rekonstruktionsmöglichkeiten von Fischers philosophischen und fachwissenschaftlichen Gedankengängen hilfreich. Da jedoch Fischers eigene Rezeption der von ihm bearbeiteten Quellen anhand der teils selbst, teils im Nachlass veröffentlichten Texte nicht ausreichend nachgezeichnet werden kann, wird eine effektivere Bearbeitung seiner Gedanken durch die Abwesenheit einer kommentierten Ausgabe stark verzögert, wenn nicht sogar verhindert.

Siebtens und letztens gibt es prinzipielle Gründe für die Verhinderung einer wirksamen Vermittlung des »Prinzips Fischer«. Diese sind allerdings weltanschaulicher und nicht werksimmanenter Natur. Wird etwa die Voraussetzung eines transzendenten Sinns *per se* bezweifelt oder abgelehnt, so ist für den Betroffenen die Theorie des Sinnes von Sinn grundsätzlich in Frage gestellt. Wahrscheinlicher ist jedoch der Vorwurf eines performativen Widerspruches, der sich zwischen der von Fischer zumindest implizierten Teleologie der Voraussetzungsdialektik im System der Wissenschaften (»logische Struktur«[16]) und der in ihm gleichzeitig geforderten Individualität des Bildungsweges ereignet. Zwar wird von Fischer die Hoffnung geäußert, dass der konkret-individuell je verschieden erfahrbare *Sinn von Sinn*, der in seiner unendlich komplexen Konstellation von Situationen und Ereignissen menschlich niemals als System zu begreifen ist, dennoch aus einer göttlichen Perspektive als *Sinn aus sich selber* ein Ganzes darstellt. Doch bleibt somit dieser Unterschied zwischen dem *Sinn von Sinn* und dem *Sinn aus sich selber* kein gradueller, sondern ein prinzipieller. Beide Sinnformen in Beziehung zueinander zu setzen, erfordert deshalb die paradoxe, cusanische Vorstellung eines ins Endlose geöffneten Systems. Anhand dieser Kritik wird allerdings auch deutlich, dass man das »Prinzip Fischer« falsch auslegt, wenn man darunter nur eine Methode versteht, die vom Wissen zum Glauben führen soll, um sodann darauf hinzuweisen, dass der letzte Schritt notwen-

---

[16] Fischer 1975, S.128.

digerweise ein spekulativer – unwissenschaftlicher – ist. Vielmehr zeigt Fischer uns einen Weg auf, den eigenen Glauben (welcher bei jedem Menschen in Form eines verspürten *Sinnes von Sinn* immer schon am Anfang einer ihn betreffenden Situation steht, denn ich kann nicht *nicht* an irgendetwas glauben!), über das Bildungswissen hinaus in einen grundsätzlicheren Glauben an den *Sinn aus sich selber* zu überführen. Es geht also weniger darum, dass das Wissen den Glauben an weiteres Wissen befähigen soll, als eher darum, dass der Glaube an die Möglichkeiten des Bildungswissens einen grundsätzlicheren Glauben fördern kann – in letzter Instanz (vgl. Fischers »Bildungskategorie der Theologie«) freilich nicht mehr als der Glaube nur an die Verwirklichung eines partikulären Motivs, sondern als prinzipieller Glaube an die Verwirklichung *aller* Motive des »An-sich-Guten«. In der Beziehung des Wissens auf den Glauben lässt sich Fischers Anliegen vielleicht mit dem folgenden Satz des Existenzphilosophen Franz Rosenzweig wiedergeben:

„Wir machen den Glauben ganz zum Inhalt des Wissens, aber eines Wissens, das selber einen Grundbegriff des Glaubens sich zugrunde legt."[17]

Mit dieser Feststellung sind wir wieder am ersten Kritikpunkt angekommen. Fischers »Pädagogik« ist keine *Wissen*-schaft, wie sie es im heutigen Verständnis zusehends wird. Sie ist ein System zur Förderung des Glaubens an die Fähigkeit der Humanität, durch einen bildenden Umgang mit Wissen dem wahren Sinn des Menschlichen als die Verwirklichung des »An-sich-Guten« näher zu kommen. Pädagogik ist deshalb nach Fischer eine *Menschheitswissenschaft* im umfangreichsten Sinne.

III) Verschiedene Zugangsmöglichkeiten zum Denken Fischers

Die Beschäftigung mit Franz Fischer zeichnet sich nicht zuletzt durch eine Vielfalt der Möglichkeiten des Zugangs zu ihm aus. Dies ist zum einen die Konsequenz seines menschheitswissenschaftlichen Ansatzes, der sich in transdisziplinärer Weise über die unterschiedlichsten Fachbereiche

---

[17] In: Franz Rosenzweig, Der Mensch und sein Werk. Gesammelte Schriften II: Der Stern der Erlösung, Haag 1976, S.115, zitiert nach: W. Schmied-Kowarzik, Franz Rosenzweig. Existentielles Denken und gelebte Bewährung, Freiburg/München 1991, S.35.

erstreckt. Zum anderen ist es eine Frage des Blickwinkels auf Fischer, die in Abhängigkeit vom persönlichen Ort des Einstiegs in die Thematik entsteht. Fischerinteressierte werden nach einem ersten Überblick schnell eine eigene Perspektive ermitteln, die sich womöglich an einer Grundfrage orientiert. Etwa: Mit welchem Aspekt des Fischerschen Ansatzes identifiziere ich mich am ehesten? Oder, welches von ihm aufgeworfene oder selbst ausgelöste Problem interessiert oder irritiert mich am meisten? etc.. Dabei sollte bedacht werden, dass man sich nicht zu früh auf einen Problemaspekt versteift und Fischers Anliegen alleine darauf zu reduzieren versucht. Freilich erschließt sich sein Gesamtwerk auch speziell über die von seinem Denken tangierten Teildisziplinen – der Philosophie, Theologie, Anthropologie, Erziehungswissenschaft etc.. Jedoch wird man meines Erachtens Fischers Ansatz am ehesten gerecht, wenn man von Anfang an nach transdisziplinären Bindegliedern in seinem Gesamtwerk sucht und nicht nach einem einzelwissenschaftlichen Zugang. Solche Bindeglieder sind zum einen seine *Biographie* und zum anderen sein *Verständnis von Sprache*.

Ein Verstehen der Denkweise Fischers, ihrer Leitmotive und Wandlungen, entwickelt sich am ehesten in der Betrachtung seines Lebens. Wichtig ist nicht allein, was er geschrieben, sondern wie er (danach) gelebt hat: ein Philosoph, der stets das lebendige Gespräch innerhalb und außerhalb des Universitätsbetriebes suchte. Darüber hinaus ist seine Biographie[18] Zeugnis eines Denkers der Grenze, das Aufschluss darüber gibt, wie die akademische Welt auf Andersdenkende reagiert und welche Konsequenzen diese Reaktion für den betroffenen Denker und sein Umfeld haben kann. Das Visionäre, Unzeitgemäße, Tragische, Unbedingte, Faszinierende, Kompromisslose, Andersartige – das sind nur einige der Merkmale, die in Fischers Person zusammenkommen und in dieser Konstellation vom Menschen Franz Fischer nicht losgelöst werden können. In diesem Sinne muss bei jeglicher Vermittlung des »Prinzips Fischer« mit dem konkret-individuellen Menschen, Franz Fischer, angefangen werden, um das Verstehen über das Erfassen von Beweggründen zu ermöglichen. Mag die Entstehung der Sinntheorie in seinem Lebens-

---

[18] Anne Fischer-Buck, Franz Fischer 1929-1970. Ein Leben für die Philosophie, Wien/München 1987.

lauf begründet sein, so ist damit doch ein grundlegendes Prinzip menschlichen Seins formuliert.

Seine Sprache bildet das zweite große Bindeglied. Sie ist gewissermaßen der unmittelbare Ausdruck seiner Biographie und vereint als Kommunikationsmittel die kategorisierenden Merkmale des Fischerschen Denkens mit seiner Botschaft. In dieser Eigenschaft verweist sie direkt auf den »Sinn des Sinnes« der zentralen, »re-flexiven Begriffe« – »Mensch«, »Sein«, »Denken«, »Bildung« etc.. Diese Begriffe, die in ihrer sinntheoretischen Betrachtung den Anspruch ihrer sittlich-praktischen Verwirklichung erheben, stehen an der Kreuzung der beiden Koordinaten des »sprachlichen« und des »wörtlichen« Sinnes, so dass sie in dieser Eigenschaft für das Gesamtanliegen Fischers repräsentativ sind. Ihr quasiperformativer Charakter einer sich verwirklichenden »Wörtlichkeit« gewinnt im Spätwerk der Proflexion eine neue Qualität. Hier unternimmt Fischer den experimentellen Versuch, die »wörtliche« Bedeutung von Begriffen, die den Sinn von Sinn nur voraussetzungsdialektisch anzukündigen vermögen, mithilfe von meditativen Kunstformeln in einen ereignishaften Offenbarungssinn zu verwandeln. So etwa übersetzt Fischer zentrale Grundbegriffe der Humanität wie „Lieben", „Helfen" oder „Sorgen", welche in dieser prädikativen Form immer noch an partikuläre Diskurse oder Gebrauchsdomänen gebunden sind, mit ganzheitlicheren, Sprachkonventionen transzendierenden Meditationsformeln, wie etwa „Wir sind ohne uns mit dem, der ohne sich mit uns ist" oder „Wir geben uns preis und behüten den, der sich preisgibt und uns behütet".[19] Versucht Fischer in diesen Formulierungen aus der Schrift *Proflexion und Reflexion*[20] das Prädikative des Sprechens-über mit Worten, die vom unmittelbar-existentiellen Vorausgesetztsein des Einen für den Anderen künden, zu durchbrechen, beabsichtigt er in seinem *Terminologischen Traktat* über *Das Menschliche*[21] eine den jeweiligen Leser betreffende Individualisierung dieses Prädikativen zu erzielen. Beispielsweise wird daher nicht mehr vom Vorgang des »Sehens« in seiner Allgemeinheit gesprochen, sondern von einer je besonderen Wahrnehmung des Einzelnen

---

[19] in: Fischer 1985, S.357 & 361.
[20] ebenda, S.348-453.
[21] ebenda, S.125-230.

als „Das Auge in unserem Auge"[22]. Gemeint ist in etwa »das Auge« als die positive Voraussetzung jeglichen Sehens, die sich individuell »in unserem Auge« als Verwirklichung in einem partikulären Sehen ausdrückt. Ebenso verhält es sich grundsätzlicher mit dem Allgemeinen des Menschseins in Bezug auf das je besondere Menschsein als „Das Menschliche in unserem Menschlichen"[23] etc.. Anne Fischer-Buck beschreibt diesen neuen Sprachgebrauch folgendermaßen:

> „Franz Fischer geht auf die Worte zurück, mit denen der Mensch unmittelbar (-allgemein) seine Befindlichkeit ausspricht. Er vermeidet den Oberbegriff z.B. »Wahrnehmung« darum, weil hier schon ein ins Prädikative weisender Abstraktionsweg gegangen wird, den er ja bei der Suche nach dem immer schon vorausgesetzten positiven Sinn nicht gehen will und auch nicht gehen kann. Bei der nun einsetzenden Dialektik zwischen dem Wort Auge und dem eigentlichen Erkennen, dem »Auge in unserem Auge«, kann er daher auch nicht mit Begriffsbestimmungen der prädikativen Art operieren. [...] In einer immer wiederkehrenden Gedankenbewegung [...] entstehen – vollzieht man die Bewegung mit – Abbilder eines Urbildes."[24]

Zusammenfassend ist festzuhalten, dass eine Vermittlung des Fischerschen Denkens nicht ausschließlich im Rahmen einer existierenden Wissenschaft vollzogen werden kann. Würde man Fischer mit einer eigenen Methode in Verbindung bringen wollen, so könnte man sein Anliegen vielleicht als eine *Sinntheorie der re-flexiven Begriffe* bezeichnen. In ihr kommt zum Ausdruck, dass es Fischer stets um die Lösung des »Affinitätsproblems«, d.h. um die richtige Beziehung zwischen Wirklichkeit und Sprache ging. Dabei ist zu berücksichtigen, dass die Methode der Sinntheorie dazu dient, jeglichen Lerngegenstand in einen Sinngehalt zu verwandeln, so dass folglich auch das »Prinzip Fischer« selbst nur wiederum mit dem »Prinzip Fischer« sinnhaft vermittelt werden kann.

---

[22] ebenda, S.126.
[23] ebenda, S.219.
[24] Fischer-Buck 1987, S.144.

Franz Fischer – 1929-1970.
Ein Leben im Dienste der Philosophie

Paul Wagner

Franz Fischer, ein Denker über die Grenzen seiner Zeit hinaus? Oder anders formuliert: zu innovativ in seinem Denken über Bildung und Philosophie, als dass er in seinem Anliegen verstanden wurde und so auch das derzeitige Bildungsgeschehen bedeutend beeinflussen konnte?

Franz Fischers Leben und Dasein als Bildungsphilosoph im Überblick

Den Erlebnissen seiner jungen Jahre geschuldet, widmete Franz Fischer sein Leben in Begeisterung, Unbeirrbarkeit – bis hin zur Verzweiflung – der Philosophie. Dabei waren es die vielfältigen Eindrücke seiner Kindheit, die ihm als Hinleitung zu seinem späteren Handeln dienten. In seinem Dasein als Bildungsphilosoph verfolgte er das ethische Prinzip der *Verwirklichung von Humanität* und nahm dafür den Verlust seiner „äußeren beruflichen Existenz"[1] auf sich. Die Kraft, die Franz Fischer benötigte, um seinen Lebensweg dennoch fortzusetzen, schöpfte er aus seinen Erkenntnisfortschritten. Aber eben diese Erkenntnisse sind es, an deren Radikalität er scheiterte, weil sie es ihm unmöglich machten, sie mit den Mitteln der philosophischen Logik zu einem Werk zusammenführen und anderen Denkern sowie der Öffentlichkeit präsentieren zu können. Schließlich in gedanklicher Einsamkeit lebend, am Ende seiner Kraft, gewann er die Überzeugung, der Nutzung seiner Philosophie selber im Weg zu stehen und sah im Tod den einzigen Ausweg.

---

[1] Anne Fischer, Franz Fischer – 1929 bis 1970, in: Franz Fischer. Philosophie des Sinnes von Sinn. Frühe philosophische Schriften und Entwürfe (1950 – 1956). 1. Bd. d. nachgel. Schriften, hrsg. und mit einer Einleitung versehen v. E. Heintel, Kastellaun 1980, S.201-217: S.201.

Die Jahre seiner Kindheit – Wurzeln seiner Persönlichkeit

Franz Fischer[2] erblickte am 20. Mai 1929 als Sohn des Weinbauern Franz und seiner Frau Else Fischer, im niederösterreichischen Neunkirchen, das Licht der Welt. Die Familie, bestehend aus den Eltern und den vier Brüdern, erkannte schon früh die Besonderheit seiner nachdenklichen und sensiblen Art. Durch lebhafte Gespräche unterstützten ihn Mutter und Vater von Beginn an in seinem kritischen Denken. Sie waren ihm auch später als Gesprächspartner des geselligen Philosophierens wohlgesonnen. Dem kleinen Franz wurden in seiner Kindheit Freundschaft, Naturverbundenheit, bäuerlicher Arbeitsethos und Solidarität als grundlegende Werte vermittelt. Durch den Sinnzusammenhang von Denken und Handeln im Kontext des ländlichen Lebens zeichnete sich so schon bald der Grundriss seines Philosophierens ab. Dabei richtete er den Fokus auf die Frage nach dem Sinn im Leben[3], auf die Erschließung eines sinnerfüllten Handelns. Eine Besonderheit seiner Kindheitsjahre stellte sein Zwillingsbruder Walter dar. In ihm hatte Franz „immer »seinen Anderen«, »sein Du« um sich"[4], was nicht ohne Auswirkung auf sein späteres Tun bleiben sollte.

Durch die Wirtschaftskrise in den 1930er Jahren, erlebte der damals 5-jährige Franz den Verlust der bäuerlichen Existenz der Familie mit, was ihm als eine Grunderfahrung: – „Mit dem Geist lässt sich schweres Schicksal meistern"[5] – in Erinnerung geblieben sein muss. Sie zogen daraufhin nach Südmähren zu den Großeltern.

Von Zuversicht erfüllt, konnte sich Franz Fischer als Kind in der aufkeimenden Hitlerzeit eine relative Unabhängigkeit gegenüber den nationalsozialistischen Doktrinen bewahren, indem er sich bevorzugt mit deutscher Literatur und Geschichte beschäftigte. Nach Kriegsende kam es schließlich zur Vertreibung der Familie Fischer aus Südmähren, worauf-

---

[2] Die biografischen Abgaben basieren im Wesentlichen auf Anne Fischer 1980.
[3] vgl. Thomas Altfelix, Der Sinn von Lebenssinn und der Sinn von Existenzsinn, Annäherung an Franz Fischers Sinnbegriff, zum Druck angenommen für das Franz Fischer Jahrbuch 10 (2005).
[4] Anne Fischer 1980, S.202.
[5] ebenda.

hin sie in Wien einen Neubeginn unter widrigen Bedingungen akzeptieren musste.

Die Wiener Zeit[6] – das Entstehen der Weite seiner Gedanken

Nach dem Prinzip »einer für den anderen« gründete die Familie ihre neue Existenz. Franz Fischer machte dadurch erneut die Erfahrung einer starken Lebenszuversicht, die sich gerade in Momenten der Belastung manifestierte. In dieser Situation erlebte er, wie sich die ihm vermittelten familialen Werte, vor allem aber die Freundschaften innerhalb der Familie, bewährten. Die Fischers bewohnten zu sechst ein kleines Zimmer und sicherten sich ihre finanzielle Grundlage gemeinsam – die Söhne zusammen mit dem Vater als Nachtwachen, die Mutter fand eine Anstellung als Hausmeistersfrau und trug damit ihren Teil zur Existenzsicherung der Familie bei. Durch das Handeln in Gemeinschaft und die Berücksichtigung des jeweils *anderen* wurde Fischer entscheidend beeinflusst, seine spätere Philosophie als *proflexiv* anzusehen und zu praktizieren. Sein menschheitliches Denken, welches die Enge des Provinziellen und Nationalen sprengte, genährt durch die bewusste Bewährung von Freundschaften – neben der Familie auch im engeren Kreis von Studiengefährten – sollte durch zwei weitere wichtige Begebenheiten komplettiert werden: Franz Fischer machte in Wien erstmals die Bekanntschaft mit dem großstädtischen Leben und dem dazugehörigen gesellschaftskritischen Gedankengut und gewann Einblicke in die Auseinandersetzung mit der österreichischen Sozialdemokratie. Inspiriert durch die Diskussionskultur und das neu gewonnene Gedankengut entwickelte Franz Fischer ein weiteres, für ihn typisches Charakteristikum, das in der sofortigen Umsetzung der inkorporierten Erkenntnisse im eigenen Handeln bestand. Das konnte er in seiner nebenamtlichen Tätigkeit als Bewährungshelfer umsetzen. Aber auch in den kleinen alltäglichen Situationen war er darauf bedacht.

Aus der Erinnerung an seinen frühen und unmittelbaren Kontakt mit dem Religiösen, gewann er den christlichen Glauben als Quelle der Humanität. Den kirchlichen Dogmen kritisch, aber ebenso fasziniert gege-

---

[6] Die Wiener Zeit umfasst die Jahre von 1946 bis 1955.

nübertretend, reifte in Franz Fischer eine konfessionelle Freiheit[7] heran, die seiner Vorstellung entsprach, in der Lehre Jesu eine dem Menschen übergeordnete Aufgabe zu erkennen, um die Unvollkommenheit des Humanismus zu überwinden. Franz Fischer waren die Ähnlichkeiten im Anliegen von Religionen und politischen Ideologien evident, woraufhin er nach deren kritischer Fortführung und Integration strebte. Jedoch blieb ihm die dogmatische Handhabung des christlichen Glaubens während seiner theoretischen Auseinandersetzung mit der Glaubensfrage immer fremd.

Landwirtschaft – Krisen, Sinnsuche – und Philosophie

Im Alter von 18 Jahren legte Franz Fischer zusammen mit seinem Bruder Walter 1947 das Externistenabitur ab. Gemeinsam hatten die beiden Zwillingsbrüder, schon zwei Jahre zuvor geplant zur bäuerlichen Existenz zurückzukehren. Zu diesem Zwecke nahmen sie das Studium der Landwirtschaft auf, in dessen Verlauf Franz Fischer innere Krisen durchlebte. Was er wollte, war die selbständige Suche nach dem Sinn[8] des Lebens. 1951 fasste er dann den Entschluss, das Studium der Landwirtschaft aufzugeben und zu dem der Philosophie überzugehen. In seiner Entscheidung wurde er von seiner Begeisterung für den Philosophen Erich Heintel maßgeblich beeinflusst. Fasziniert von der Vitalität und Offenheit, mit der dieser seinen Schülern gegenübertrat, schloss Fischer sich dem Heintelkreis an und festigte während des Philosophierens sein Element der Dialogführung mit Partnern unterschiedlicher sozialer Schichten. Dabei entgegnete er seinen Gesprächspartnern, egal welchen Bildungsstand sie für sich beanspruchen konnten, stets ohne die Arroganz eines Intellektuellen.

---

[7] Franz Fischer interessierte vielmehr das Theoriegebäude der Beziehung des alten und neuen Testaments zur griechischen Philosophie. Es sollte ihm später auch ein Leichtes sein, anlässlich der Heirat mit seiner Frau Anne von der katholischen zur evangelischen Kirche zu wechseln.

[8] Im Verlauf seiner Suche nach dem Sinn ist für Franz Fischer die Wirklichkeit die Vorrausetzung aller sinnstiftenden Erfahrungen und ständiger Bezugspunkt. Mit der Erfahrung des Sinnes vom Sinn, wird nach Fischer der Wunsch einer wiederholten Sinnerfahrung erzeugt (vgl. reflexive Sinnvermittlung). Siehe hierzu: Karlheinz Biller, Bezeuge, wovon Du überzeugt bist und denke vom Anderen her! Franz Fischers Beitrag zur Pädagogik der Schule, in: Pädagogische Rundschau 48 (1994) S.184-205.

In seiner Wiener Studienzeit verfasste Franz Fischer Abhandlungen über die Philosophen Hegel, Descartes und Pascal, über die Erkenntnis, den Gebrauch von Sprache und die Wirklichkeit. Die bedeutendste Arbeit dieser Phase seines Lebens entstand im Jahr 1954 und trägt den Titel *Sinn und Wirklichkeit*[9]. Sie ist grundlegend für seine Philosophie und beinhaltet eine kritische Auseinandersetzung mit seinem Lehrer Erich Heintel.

Die Bonner Jahre – private und berufliche Blütezeit

Nach Abschluss seines Studiums ging Franz Fischer 1955 gemeinsam mit Josef Derbolav nach Bonn[10], wo er am erziehungswissenschaftlichen Institut eine Anstellung als Assistent Derbolavs erhielt.

Die ersten drei Jahre seiner Bonner Zeit waren von einer beruflichen und privaten Fülle gesegnet. 1956 heiratete er seine Frau Anne, die ihm zwei Jahre darauf seine Tochter Therese und ein weiteres Jahr später seinen Sohn Anton gebar. Durch die Heirat trat er in eine enge freundschaftliche Beziehung zu dem evangelischen Theologen, Günther Dehn – dem Onkel seiner Frau – und dem Kirchenhistoriker Ernst Bizer und er kam in Kontakt mit der dialektischen Theologie Karl Barths und der Entmythologisierung Rudolf Bultmanns. All diese Bekanntschaften und Impulse nahmen Einfluss auf sein zuvor eher unmittelbares Verhältnis zur Bibel.[11]

Beruflich profitierte Franz Fischer von einem Stipendium der DFG, welches er in den Jahren von 1956 bis 1958 erhielt[12]. In dieser Zeit, genau genommen schon im ersten Halbjahr seiner Bonner Zeit, baute er seinen bildungsphilosophischen Standort aus, verfasste grundlegende Abhandlungen, die auf seiner ebenfalls im Jahr 1956 verfassten Dissertationsschrift *Systematische Untersuchungen zum Affinitätsproblem*[13] basier-

---

[9] In: Fischer 1980, S.62-82.
[10] Die Bonner Zeit reichte von 1955 bis 1967.
[11] Anne Fischer 1980, S.205.
[12] Hieraus gingen die grundlegenden Studien zu einer Theorie der *Bildungskategorien* hervor. Siehe hierzu: Franz Fischer. Darstellung der *Bildungskategorien* im System der Wissenschaften. Ratingen/Kastellaun 1975.
[13] in: Fischer 1980, S.7-54.

ten.[14] Er thematisierte in seiner Philosophie im Gegensatz zum Idealismus und different zum Existentialismus die Frage des „*Sinnes von Sinn*". Im Themenkreis der im Zuge seiner Dissertation entstandenen Schriften[15] setzt er den *Sinn* in Beziehung zur *Wirklichkeit* und zur *Freiheit*, konstruiert sowohl Entwürfe als auch Strukturen der *Theorie des Sinnes von Sinn* und bezieht sich dabei auf den Menschen und die Frage, was der Mensch seiner Bestimmung nach ist. Annähernd parallel zu seiner Dissertation war Franz Fischer um die Übertragung seines philosophischen Ansatzes in die Pädagogik bemüht. Seine Schwerpunkte wurden durch die *Erziehung des Gewissens* und die Didaktik der *Bildungskategorien* markiert. Um sein Sinnverständnis und sein Anliegen vermitteln zu können, hielt er Seminare (1958-1960), welche die Anwendung der *Bildungskategorien*[16] auf konkrete Fragen in der Pädagogik und im Unterricht[17] zum Thema hatten. Im weiteren Verlauf seiner philosophisch-pädagogischen Arbeit ließ er die Kollegen sowie die von ihm betreuten Doktoranden an seinen Erkenntnissen teilhaben. Im Dialog mit ihnen überzeugte er durch die originäre Anschaulichkeit seines Denkens, was jedoch alsbald das Problem der Entfremdung seines Gedankengutes, in Gestalt der Weiterentwicklung seiner Erkenntnisse in den Arbeiten seiner Gesprächspartner zur Folge hatte.

Franz Fischer beschäftigte sich in den ersten Jahren seiner Bonner Zeit verstärkt mit dem Gewissen bzw. mit der Erziehung des Gewissens, und

---

[14] siehe hierzu: Franz Fischer, Die Erziehung des Gewissens, hrsg. v. J. Derbolav, Kastellaun 1979.
[15] Eine Übersicht über diese Schriften findet sich in: Anne Fischer 1980, S.205.
[16] Mit den *Bildungskategorien* schuf Franz Fischer ein Schema des Bildungsprozesses, das die empirische und philosophische Betrachtung von Bildung durch sinntheoretische Faktoren ergänzt. Sein Ziel war es, die Menschen dadurch sinnfähig zu machen. Der dazu benötigte voraussetzungsdialektische Denkansatz Fischers geht von der *Vermittlung zwischen vorausgesetzter/ gemeinter Wirklichkeit* und dem *darüber aussagbaren Wissen* aus. In der Anwendung der *Bildungskategorien* kommt es zum Durchlaufen einzelner Sinnstufen in vertikaler und horizontaler Richtung, die jeweils einen bestimmten Ausschnitt der Wirklichkeit betrachten und dadurch eine andere Qualität der Erfahrung von Wirklichkeit, also dem vorausgesetzten Sinn, ermöglichen. Siehe hierzu: Biller 1994.
[17] Die *Monadologie* bezeichnet das individuelle Wachsen in Lern- und Lebenssituationen vom Positiv-Allgemeinen des Bildungsgutes her. Dabei geht die Entwicklung des Menschen von der Dialektik der unmittelbaren Fraglichkeit und dem mittelbarem Antworten-Können aus. Die Frage ist das entscheidende Moment: auf eine Frage gibt es eine Antwort und somit eine Sinnerfahrung. Siehe hierzu: Biller 1994.

war außerdem um die Weiterentwicklung der *Bildungskategorien* bemüht.

Die neue Spur – ein Wendepunkt

1960 sollte das entscheidende Jahr für die Zukunft seines Lebens sein. Die bis zu diesem Jahr befristete Anstellung als Assistent am erziehungswissenschaftlichen Institut und die von Josef Derbolav schon ein Jahr zuvor erfolgte Ankündigung der Veröffentlichung der Habilitationsschrift über die *Bildungskategorien*, setzten Franz Fischer unter enormen Druck. Gemeinsam mit seiner Frau Anne machte er sich erneut an die Arbeit, die *Bildungskategorien* zu einem Abschluss zu bringen und tastete sich während dessen an die Grenzen des menschlichen Erkennens heran. Schließlich entdeckte er „eine neue Spur des philosophischen Denkens"[18]. Von nun an unterschied Franz Fischer zwischen der „»funktionalen« Verbildung" und der „echten Bildung des Selbst"[19]. Dabei stellte er in radikaler Weise Reflexion und Proflexion gegenüber. Der neuen Richtung seines Denkens folgend, verfasste er im selben Jahr anlässlich einer Festschrift für Theodor Litt die *Aporie des Selbst*[20] und erntete damit, auf Grund der Schwierigkeit des Textes, Unverständnis und Ablehnung. Nur Wenige erkannten die Qualität dieser Arbeit, die ihm zum neuen Kriterium seines Philosophierens wurde, aber im Widerspruch zu und in radikaler Umkehr von der Tradition stand. Die Differenz zwischen ICH und SELBST schien Fischer in der Grundsätzlichkeit seines Bewusstseins als unfruchtbare Reflexion, die es mittels der *Proflexion*[21] zu

---

[18] Fischer Buck 1980, S.209.
[19] ebenda.
[20] in: Franz Fischer. Proflexion. Logik der Menschlichkeit, hrsg. v. M. Benedikt & W. W. Priglinger, Wien 1985, S.110-122.
[21] Die Proflexion, das proflexive Denken, kann synonym als Vorauswendung, als Denken vom Anderen her bezeichnet werden. Sie dient der Wahrnehmung von Sinnmöglichkeiten und des zu Verwirklichenden. Mit der Proflexion bereitete Fischer den Weg für die Überschreitung der Verwobenheit mit sich selbst hin zur gegenseitigen Aufgegebenheit, die ihren Ausdruck im Prinzip der Solidarität findet. Das konkrete Ziel des proflexiven Denkens ist, zur *Gemeinschaft der Wahrheit* zu gelangen, dem anderen die Möglichkeit zu geben, die eigenen Motive und Gegebenheiten in ihrer Wahrheit erschließen zu lassen. Die Reflexion kann sich nach Fischer erst erfüllen, wenn das reflexiv Erkannte im zukünftigen Handeln, der Proflexion, seine Umsetzung findet. Walter Fischer hat das proflexive Denken in folgendem Satz zum Ausdruck gebracht: „*Handle so, wie Du morgen wünscht, heute gehandelt zu haben, und nicht so, wie du gestern dachtest, heute handeln zu müssen.*" Im Zusammenhang mit

überwinden galt. Überzeugt davon führte er auch sein Leben in der Art, dass er das Anliegen des anderen zu seinem machte. Von der neuen Position seines Denkens her wurde es immer schwieriger, die *Bildungskategorien* logisch zu sichern und zu einem Text zusammenzuführen. Die ihm abverlangte philosophische Gewissenhaftigkeit ließ die Ausformulierung der *Bildungskategorien* im Rahmen einer historischen Arbeit, welche damals wie heute so gern gesehen war, jedoch ins Hintertreffen geraten. Das Folgen der von Fischer neu entdeckten Spur wurde ihm nur von Theodor Litt[22] zugestanden. Freunde, Kollegen und auch Schüler Fischers konnten es nicht verstehen, warum er nicht in der Lage war, seine Erkenntnisse in einem runden Text niederzuschreiben. Auch die posthume Veröffentlichung der *Bildungskategorien* (1975) erlangte nicht die Wirksamkeit, die ihr hätte zuteil werden sollen.

Aus dem Ansatz der *Bildungskategorien* begann er seinen zweiten Versuch einer Habilitationsschrift, *Das Menschliche. Terminologischer Traktat*[23], zu entwickeln, die nach der Vorlage bei den zuständigen Professoren auf Ablehnung stieß. Im Ganzen schrieb er die Arbeit 16mal um, was seine Habilitation allerdings nicht begünstigte. Den Forderungen nach einer historischen Arbeit nicht entsprechend, sah Franz Fischer keine Aussicht mehr, sich mit seiner philosophischen Forschung zu habilitieren und kündigte im Jahr 1962 seine Stellung am Institut. Was er nun suchte, war die nötige Unabhängigkeit, um seine Position wissenschaftlich absichern zu können. Dazu tat er, dem Zwang der Situation folgend, den Schritt in die Selbständigkeit. Entgegen seiner Mitteilsamkeit, ohne die Verfügbarkeit von Gesprächspartnern, und somit der proflexiven Philosophie scheinbar zuwider handelnd, arbeitete er an seinem Vorhaben weiter. Sich aus der Kraft der Gedankenbewegung[24] der

---

der Proflexion ist auch die Monadologie zu betrachten. Sie bezeichnet das individuelle Wachsen in Lern- und Lebensbereichen, indem sie nach alterstypischen Motiven des Motivhorizontes sucht. Siehe hierzu: Biller 1994.
[22] Er war der Vorgänger von Josef Derbolav am erziehungswissenschaftlichen Institut in Bonn.
[23] in: Fischer 1985, S.125-230 (Auswahl).
[24] Die Gedankenbewegung meint das Auffassen vom Gemeinten und Gesagten her. Sie hat den Brückenschlag zwischen theoretischer Erkenntnis und praktischem Handeln, der Verwirklichung, zum Motiv. *„Wir sind ohne uns mit dem, der ohne sich mit uns ist"*, vgl. Anne Fischer 1980, S.211.

neuen philosophischen Richtung nährend, unterstütze ihn seine Familie ideell, konnte aber den Verlust der beruflichen Anstellung, mit den daraus resultierenden Auswirkungen auf sein Wesen nicht ausgleichen. Dass er in den Jahren zwischen 1962 und 1964 kein Einkommen für seine Familie aufbringen konnte, quälte Franz Fischer sehr. Es waren seine Geschwister, Eltern, Freunde und seine Frau, die ihm ihre Unterstützung boten und so durch eine schwere Zeit halfen. Seiner Frau kam in dieser Zeit große Bedeutung zu, war sie es doch, die durch ihre Mitarbeit an einer Zeitschrift für Erziehung die finanzielle Not linderte und ihm für sein Handeln Unterstützung und Kraft gab.

In den Jahren zwischen 1964 und 1967 bekam Franz Fischer einen Forschungsauftrag über die *Dialektik der Gesellschaft*[25] bei der VW-Stiftung. Dies war für ihn die Rettung vor der Befürchtung, nicht verstanden zu werden. Während seiner Arbeit am Forschungsauftrag fertigte er eine Reihe weiterer Arbeiten an, die auf subtile Art und Weise seine damalige Verfassung widerspiegelten.[26]

Die Norderstedter Jahre – Verzweiflung und Einsamkeit

Im Herbst 1967 zog die Familie Fischer nach Norderstedt bei Hamburg. Seine Vereinsamung schritt unaufhaltsam fort und führte zu zeitweiligen Depressionen. Sein Ziel nicht aus den Augen verlierend, arbeitete er unermüdlich an seiner Philosophie weiter. Seine Frau war es, die erneut die finanzielle Grundlage der Familie sicherte, indem sie an der Fachschule in Norderstedt Sozialpädagogik und Psychologie unterrichtete. Damit jedoch trug sie unbeabsichtigt zu seiner Einsamkeit bei, denn so wurde Fischer seiner engsten Mitarbeiterin zumindest zeitweilig beraubt. Franz Fischer unternahm indes alle Anstrengungen, eine Anstellung zu finden, um so den „völlig unzuträglichen Lebensbedingungen"[27], denen er gegenüberstand, zu entkommen. An der Fachschule für Sozialpädagogik unterrichtete er schließlich für zwei Semester Philosophie. In den von ihm abgehaltenen Veranstaltungen ging es um die Anthropologie bei Marx, Buber und Freud. Mit der weiteren Suche nach einer Anstellung – auch

---

[25] in: Fischer 1985, S.477ff.
[26] Anne Fischer 1980, S.212.
[27] ebenda.

berufsfremder Art – hatte er keinen Erfolg. Es schien keinen Platz für ihn zu geben. Dieser Eindruck muss sich aus seiner Sicht verhärtet haben, als er auch auf Fragen, die sich ihm im Rahmen seiner Überlegungen stellten, von Kollegen und Freunden keine Antworten mehr bekam. Einzig seine Frau Anne sah den Anspruch seiner Philosophie oft schon verwirklicht, wenn auch nur im kleinen. Laut ihrer Aussagen war ein Anschluss an die traditionelle Philosophie fast schon realisiert und dann doch wieder in weite Ferne gerückt.

In den Jahren von 1967 bis 1970 verfasste Franz Fischer Arbeiten über die *Duheit und Ichheit*, die *Logik*, im Kontext des *Materialismus* und der *Strukturen der Gesellschaft*, über die *Liebe und Weisheit* und über *Gesetze* und *Bewegungen der Menschen*[28].

Tod vs. positiver Sinn

Franz Fischer arbeitete an der *positiven Dialektik des Vorblicks in den Rückblick*, die er der *negativen Dialektik des Rückblicks in den Vorblick* gegenüberstellte und bezeichnete damit den ethischen Anspruch, „heute so zu leben, daß man morgen sagen kann, es war richtig, und nicht heute so zu leben, wie man gestern gemeint hat, daß heute gelebt werden sollte."[29] Er konnte diese Arbeit nie vollenden, denn am 4. November 1970 nahm er sich im Bewusstsein, sich sein soziales Beziehungsgefüge zerstört zu haben, das Leben.

Am Wagnis seines Lebens, der Vermittlung dessen, wodurch der positive Sinn der Situation erkennbar wird, der Philosophie eines neuen Denkens über Bildung, ist er gescheitert. Vor dem Hintergrund des Themas seiner letzten Arbeit bekommt sein Ableben eine besondere Schwere, die wohl nur ansatzweise die Verzweiflung in ihm erahnen lässt. Einige Monate zuvor, im Sommer 1970, äußerte Franz Fischer seiner Frau gegenüber den Wunsch, die Herausgabe seiner Schriften nach seinem Tod zu übernehmen. Den allgemeinen Sinnverlust erlebend und in dem Wissen, seine Chance vertan zu haben, floss in diesen Wunsch die Hoffnung mit ein, doch noch verstanden zu werden.

---

[28] vgl. ebenda, S.212f.
[29] ebenda, S.213.

Noch im selben Jahr sollte sich die Wirksamkeit seiner Philosophie, durch die Anwendung der selbigen im Unterricht seiner Frau Anne bestätigen. Sie nahm sich der Aufgabe an, die von ihrem Mann erarbeiteten Erkenntnisse einer neuen jungen Generation nahe zu bringen.

Das Erbe der proflexiven Philosophie wirkt bis in die Gegenwart hinein, was durch die Veröffentlichung der Arbeiten Fischers durch Assistenten, Kollegen und Freunde unterstützt wurde. Die Anerkennung, die Franz Fischer zu Lebzeiten nicht erlangen konnte, ist ihm durch das vier Bände umfassende Werk seiner Erkenntnisse sicher. Begeistert von seinem Denken und Handeln beschäftigen sich mittlerweile mehrere Generationen von Denkern und Erziehungswissenschaftlern mit seinem Beitrag zur Pädagogik, der an Aktualität nichts eingebüßt hat.

Franz Fischer und die Erziehung des Gewissens.
Möglichkeiten der Rezeption in der heutigen Pädagogik

Jan Proporowitz

Einleitung

Als Franz Fischer 1956 nach Bonn kam, fand er sich mitten im Zentrum der damaligen pädagogischen Forschung. In dieser Zeit beschäftigte er sich unter anderem mit einem Thema, das gleich in dreifacher Form eine Äußerung nach sich zog: Mit *Die Erziehung des Gewissens*. Zuerst als Aufsatz in einer Festschrift für Theodor Litt verfasst, folgten bald die Konzepte zweier Referate, die denselben Titel tragen. Es sind, zusammen mit den Bildungskategorien, die letzten großen Schriften Fischers, bevor er mit der philosophischen Tradition brach und seine eigene proflexive Philosophie entwickelte. In dieser Arbeit soll es nun um jene frühe Phase des Philosophen gehen, in der er sich noch ausdrücklich zur traditionellen Philosophie und Pädagogik bekannt und kritisch positioniert hat. Zum einen glaube ich, ist es für einen Außenstehenden sicher noch schwieriger zu vermitteln, wo Fischer selber nicht mehr vermitteln konnte, zum anderen erhoffe ich, durch die Aufarbeitung des Gewissensstoffes Anregungen zu finden. Im Zentrum steht hier der Vortragstext aus dem Jahre 1956. Dieser hat erstens den Vorzug, dass er im Seminar eingeführt wurde und zweitens, dass er in seiner Entwicklung des Gewissensbegriffes überschaubarer ist als der Aufsatz. Es soll hierbei der Frage nachgegangen werden, inwiefern überhaupt ein Gewissensbegriff noch möglich ist und inwieweit er der heutigen Pädagogik noch dienlich sein kann.

Analyse des Vortragstextes

1. Problematisierung

Um zu dem Problem der Gewissensbegründung hinzuführen, holt Franz Fischer in seinem Vortrag weit aus. Er hält zunächst die immer rasanter wachsende globale Verständigung über wissenschaftliche Probleme als Fortschritt der modernen Welt fest:

„Es ist durchaus erlaubt, festzustellen, daß wir uns zur Zeit in einem Prozeß befinden, in dem sich eine auf die ganze Erde erstreckende Kommunikation über das wissenschaftliche Weltbild verwirklicht."[1]

Gleichzeitig stellt er aber auch die Erfahrungsgewissheit als Bedingung der Möglichkeit dieser Kommunikation heraus. „Die Erfahrungsgewißheit wird zu einer gemeinsamen Grundlage der Verständigung über vorgegebene Sachverhalte in der Welt."[2] Dass damit die *Sinnstruktur* der Erfahrungsgewissheit als „Grundlage eines gemeinsamen durchgehenden *Weltverständnisses* über den ganzen Erdkreis" sein soll[3], bedarf freilich einer Erklärung, die Fischer auch gleich liefert. In diesem gemeinsamen *Weltverständnis* existiert nach Fischer eine „universale anthropologische Grundkategorie für die theoretische Auffassung der Welt durch den Menschen"[4]. Diese »Grundkategorie« hat zwei Aspekte. Zum einen ist hier festgelegt, dass der Mensch unmittelbar, also direkt, von Vorgegebenheiten betroffen ist, die er nur in hinweisenden oder berichtenden Aussagen darstellen kann. Zum anderen besagt sie, dass die rationale Ableitung dieser Vorgegebenheiten prinzipiell möglich ist.[5] Dabei ist hier noch nicht ersichtlich, ob diese Ableitungen, von den Vorgegebenheiten oder von den berichtenden Aussagen über die Vorgegebenheiten vollzogen werden. Es ist nun in diesem Zusammenhang die »universale anthropologische Grundkategorie«, die den Inhalt der Sinnstruktur der Erfahrungsgewissheit ausmacht. Die allgemeine Akzeptanz der beiden Aspekte dieser »Grundkategorie« ermöglicht die *„Verständigung über alle Gegensätze hinweg"*[6].

Da nun im theoretischen Bereich eine Verständigung im Vollzug ist, wird der Wunsch nach einer praktischen Entsprechung laut:

---

[1] Franz Fischer Die Erziehung des Gewissens. Ein Vortrag, in: Franz Fischer. Die Erziehung des Gewissens. Schriften und Entwürfe zur Ethik, Pädagogik, Politik und Hermeneutik [Nachdruck mit Ergänzungen der 1979 im A. Henn Verlag Kastellaun erschienenen Ausgabe], hrsg. v. J. Derbolav, Norderstedt 1999, S.66-82, hier S.66.
[2] ebenda, S.67.
[3] ebenda.
[4] ebenda.
[5] ebenda.
[6] ebenda.

„Man sucht also eine gemeinsame Grundlage über das, was allein als gut oder nicht gut, als geboten oder verboten sinnvoll sein kann. Diese gemeinsame Grundlage soll die Bedingung der Möglichkeit dafür darstellen, daß man ihre Sollensgehalte überall als gültig und verpflichtend anerkennt und dass bei verschiedener Auslegung dieser Grundlage oder bei bewußtem Verhalten gegen ihre Forderung – doch eine letzte Entscheidung über den gerechtfertigten Weg erschlossen werden kann."[7]

Das Problem wird damit deutlich. Im Bereich der Theorie ist eine gemeinsame Grundlage zur Verständigung bereits vorhanden: Die Einsicht in die Sinnstruktur der Erfahrungsgewissheit. Im Bereich der Praxis, also des Handelns, fehlt eine solche allgemein akzeptierte Grundlage, die eine Kommunikation über hiervon abgeleitete Handlungsgebote ermöglichen würde. Fischer setzt hier schon voraus, dass diese Grundlage, unabhängig von ihrer Beschaffenheit, Sollensgehalte in sich trägt, die auch noch allgemein akzeptiert werden müssten. Die sich daran anschließende Diskussion hätte demnach nicht die Sollensgehalte an sich, sondern den Weg zu ihrer Erfüllung zum Inhalt.

Der Wunsch oder die Forderung nach einer solchen Grundlage wird immer vehementer, da die Kommunikation in den Wissenschaften immer rascher fortschreite[8], der Abstand von Praxis zu Theorie also immer mehr wachse. Dass die Entwicklung in beiden Bereichen sehr nötig ist, zeigt die folgende Überlegung. Die momentan (damals) stattfindende Kommunikation ist eine Kommunikation über „das methodische Ermessen von Mitteln". Dieser muss eine Kommunikation über „eine Norm von Zwecksetzungen, in denen diese Mittel angewendet werden können" folgen.[9]

Diese Kommunikation ist insofern dann aber noch nicht die, die nach der Akzeptanz der Grundlage entsteht, sondern zunächst noch die, über die Grundlage selbst, wobei freilich die erstere aus der letzteren resultiert. Fischer präzisiert diese Problematik bzw. führt sie auf das Feld der Pädagogik:

---

[7] ebenda.
[8] ebenda.
[9] ebenda, S. 68.

> „Im besonderen ist es die Bemühung, um *eine allgemeine Grundlage der Erziehung* von der man, auf die Zukunft hin gesehen, die Durchsetzung allgemein gültiger Wertmaßstäbe erhofft."[10]

Fischer ist sich dabei durchaus der schwierigen Ausgangslage seines Problems bewusst: Wie soll man seine Verständigung über eine gemeinsame Grundlage des Handelns ermöglichen, (und damit auch der Erziehung des Verhaltens), bei der Fülle verschiedener Normsysteme allein schon eines Staates?[11] Den Ansatz bei der Erziehung rechtfertigt er mit folgender Anmerkung:

> „Daß ein Ansatz bei der Erziehung in diesem Zusammenhang zu Recht erfolgt, zeigt die Tatsache, daß die Ethik, wie sie im allgemeinen von Gemeinschaften in bestimmten geschichtlichen Stadien bejaht wurde, und die Ethik des erzieherischen Handelns im besonderen, einander stets weitgehend entsprochen haben, soweit es um das Erziehungsziel geht. Diese relative Entsprechung zwischen beiden rechtfertigt das Bemühen, auch von der Erziehung her eine gemeinsame Grundlage des Handelns ähnlich der des Wissens anzustreben."[12]

Weil also Erziehungsethik und allgemeine Ethik in bezug auf das Erziehungsziel stets einander entsprochen haben, ist ein Ansatz bei der Erziehungsethik gerechtfertigt, geht es doch hier vor allem um das Erziehungsziel. Die Erziehungsethik war aber von der Erziehung selber in die Ecke gedrängt worden:

> „Nur zu leicht konnte es hier geschehen, dass das ethische Moment im Bildungsgeschehen weitgehend ausgeschaltet wurde. [...] Es ist schlechterdings unmöglich, den Menschen einerseits als Homo educandus zu begreifen und andererseits die Grundlegung seiner Motivationen aus seiner Bildung auszuschließen."[13]

---

[10] ebenda.
[11] ebenda.
[12] ebenda, S.165 [Fn 2].
[13] ebenda, S.68.

Lässt man das ethische Moment, die Grundlegung der Motivationen, aus der Bildung heraus, ist die Bildung *als „Halbbildung"* zu bezeichnen.[14] So ist man vor das Problem der »Erziehung des Gewissens« gestellt, „wobei das Wort »Gewissen« den Namen für die erörterten allgemeinen Grundlagen des Verhaltens und seiner Erziehung meint".[15]

2. Historischer Bezug

In zweiten Abschnitt seines Referates macht Fischer deutlich, inwiefern er an die philosophische Tradition anknüpft und nennt hier Kant und Hegel als wesentliche Ausgangspunkte für seine Überlegungen. Bevor ich näher darauf eingehe, sei hier kurz daran erinnert, dass die Geschichte des Gewissensbegriffes oder der Bildungstheorie nicht erst bei Hegel oder Kant beginnt.[16]

Fischer beginnt seinen Spaziergang in die Geschichte mit der Bildungstheorie des 19. Jahrhunderts. Schon hier war der Versuch unternommen worden, der ethischen Bildung eine allgemeine Grundlage zu geben, was sich in den Begriffen Charakter- und Gesinnungsbildung ausdrückte.[17] Warum er sich aber mit dem Gewissensbegriff bewusst dagegen absetzt, erklärt er selbst:

> „Man versteht unter Charakter die Invarianz des konkreten, also bereits vollzogenen Verhaltens eines Individuums und dessen vielseitige, teils physiologische, teils soziologische Verursachung, von der her Vorhersagen formulierbar sind."[18]

Von den konkreten Handlungen wird dann allerdings bei der Charakterbildung abstrahiert, um allgemeine Eigenschaften auszuformen. Weiter heißt es:

> „Wo demnach die Charakterbildung im Vordergrund des Bildungszieles steht, geht es um die Bildung des einzelnen zu bestimmten positiv gewerteten *Verhaltensweisen,* denen im ein-

---

[14] ebenda.
[15] ebenda.
[16] vgl. dazu Abschnitt „Die Gewissensdiskussion heute".
[17] Fischer 1979 (1999), S.68.
[18] ebenda, S.69.

zelnen recht verschiedene Motive unterstellt werden können, soweit sie nur derselben Klasse des positiv akzentuierten Charaktertypus angehören."[19]

Hier setzt nun Fischers Kritik am Charakterbegriff ein. Durch die Charakterbildung würde man zwar eine harmonisch ausgewogene Persönlichkeit erziehen, dieser Person wäre aber das „Moment der inhaltlichen Begründung von Motiven in der konkreten Situation" nicht bewusst. Da es nun immer mehrere Motive sind, die einer Verhaltensstruktur entsprechen, lässt sich durch eine solche Erziehung keine Verhaltenseindeutigkeit erzielen. Es geht Fischer aber gerade um das je einzelne konkrete Motiv und dessen Beurteilung. Es eignet sich daher das Gewissen besser für die Erziehung, „da es ja wie gesagt – dem Gewissen eigentümlich ist, die *wertsetzende Instanz* gerade für die je konkreten Situationen des einzelnen und die in ihnen möglichen Motive zu sein."[20] Eine Verhaltensstruktur setzt sich aus vielen unterschiedlichen Motiven wie ein Tuch aus vielen Fasern zusammen. Charakterbildung zielt so gesehen auf die Struktur im ganzen, während Gewissensbildung an den einzelnen Fasern, also den Motiven ansetzt.

In der Gesinnungsbildung hingegen hat sich der Begriff des Gewissens längst etabliert, ist aber auf den „Anspruch der allgemeinen und rein formalen Wertsetzung festgelegt, die in der menschlichen Vernunft selber erfolgt."[21] Das aber hieße weitergedacht, dass die Wertsetzung des Gewissens wie Fischer es versteht, nicht in der menschlichen Vernunft erfolgt. Die formale Wertsetzung der menschlichen Vernunft, ist durch Kant im Sittengesetz seiner *Kritik der praktischen Vernunft* ausgesprochen.[22]

„Weil aber das Sittengesetz seiner Sinnstruktur nach allein aus dem sich denkenden Denken oder aus der Reflexion hervorgeht

---

[19] ebenda.
[20] ebenda.
[21] ebenda, S.69f.
[22] ebenda, S.70; zum Sittengesetz vgl.: Immanuel Kant: Kritik der praktischen Vernunft. Nachdruck der 1788 in Riga erschienenen Ausgabe, Erlangen 1984 (= Kant im Original, Bd. XII): „§. 7. Grundgesetz reinen praktischen Vernunft. Handle so, daß die Maxime deines Willens jederzeit zugleich als Prinzip einer allgemeinen Gesetzgebung gelten könne." (S.54).

und damit auch apriori [!] von der Sinnstruktur konkreter Situationen absieht, ist es auch unmöglich, aus ihm Wertsetzungen für konkrete Motive abzuleiten; und damit ist es auch unmöglich, eindeutig nach dem kategorischen Imperativ zu handeln."[23]

Da die Sinnstruktur einer Situation nicht a priori gedacht werden kann, musste Kant in seinem Sittengesetz davon Abstand nehmen. Es ist zwar prinzipiell schon möglich, Wertsetzungen für konkrete Motive aus konkreten Situationen abzuleiten, sofern die Motive gegeben sind, es ist aber – um mit Fischer zu sprechen – *schlechterdings* unmöglich, *eindeutige* Wertsetzungen zu erhalten. So konnten sowohl liberale als auch sozialistische Weltanschauungen das Sittengesetz für ihre Ideologie in Anspruch nehmen, je nachdem, wie man den Ausdruck „allgemeine Gesetzgebung" verstanden wissen wollte.[24]

„Weil also der Begriff der Gesinnung aus der reinen Reflexion hervorgeht, die Reflexion aber zwar selber einerseits den unmittelbaren Sinn unbewußt voraussetzt, um überhaupt sinnvoll zu sein, sich jedoch andererseits gerade von diesem unmittelbaren Sinn in ihrem Vollzug abwendet, ist es dem Begriff der Gesinnung grundsätzlich unmöglich, die unmittelbaren Sinngebungen konkreter Motivationen für den besonderen Fall eindeutig zu bestimmen, und darauf eben kommt es ja in der Erziehung des Handelns an."[25]

Das bedeutet im einzelnen: Die Reflexion braucht, um überhaupt sinnvoll zu sein, einen unmittelbaren Sinn, über den sie reflektieren kann. Dieser unmittelbare Sinn ist gegeben, sobald eine Situation gegeben ist. Jede Situation hat einen unmittelbaren, gegebenen Sinn, auf den sich die Reflexion stützen kann. In ihrem Vollzug aber wendet sie sich von diesem Sinn ab, da der unmittelbare Sinn der jeweils konkreten Situation nicht *Reflexion ist*.

Fischer geht nun zu einer kurzen Kritik an Hegels Sittlichkeitsbegriff über, „die ebenfalls das Eigentümliche unseres Sittlichkeitsbegriffs herausstellt, der die unbedingte Vorgegebenheit des Gewissensanspruches

---
[23] Fischer, 1979 (1999), S.70.
[24] ebenda.
[25] ebenda, S.70f.

für den Menschen schlechthin und damit die strukturelle Analogie von Gewissen und empirischer Gewißheit behauptet."[26]

Der Gewissensbegriff Fischers konkretisiert sich eher beiläufig, in Sätzen wie diesem, die eigentlich auf etwas ganz anderes hinaus wollen. Es gilt festzuhalten, dass erstens Fischers Gewissensbegriff von der unbedingten Vorgegebenheit des Gewissensanspruches ausgeht, und dass zweitens das Gewissen damit (also mit dieser unbedingten Vorgegebenheit) der praktische Gegenbegriff zum theoretischen der empirischen Gewissheit ist. Mit der unbedingten Vorgegebenheit des Gewissensanspruchs meint Fischer sicher nicht die Vorgegebenheit eines bestimmten Sollensgebotes, sondern ganz grundsätzlich die immer schon vorausgesetzte Tatsache des unmittelbaren Angesprochenseins. Das bedeutet, dass das Gewissen in jeder Situation einen bestimmten, vorher nicht absehbaren Anspruch erhebt, und dass dieser Gewissensanspruch unmittelbar vorgegeben ist. Das hieße schon jetzt: wenn allgemein akzeptiert würde, dass der Gewissensanspruch vorgegeben ist, wie auch der Gewissheitsanspruch vorgegeben ist, dann ließe sich schon jetzt eine Kommunikation auch im praktischen Bereich herstellen.

Zu Hegels Sittlichkeitsbegriff schreibt Fischer:

> "Hegel verbindet mit Sittlichkeit den Begriff des objektiven Geistes, den er als »frei sich wissende Substanz« definiert. [...] Auch von diesem Begriff der Sittlichkeit müssen wir sagen, daß er der Sinnstruktur der konkreten Motivation *nicht* gerecht werden kann, weil diesem Begriff des Geistes nichts anderes als der Begriff des sich wissenden Wissens zugrunde liegt, also weil auch er methodisch vom unmittelbar vorgegebenen Sinn einer jeder Situation abstrahiert."[27]

Was auch Hegels Begriff nicht abdeckt ist der unmittelbare Sollensgehalt einer Situation. In diesem Zusammenhang macht Fischer auf eine dritte Wurzel aufmerksam: Theodor Litt.

---

[26] ebenda.
[27] ebenda, S.70f.

„Es war im besonderen Theodor Litt, der in einer interessanten Untersuchung gezeigt hat, inwiefern es Hegel nicht gelungen ist, die logische Struktur der Entscheidungen mit seinem Geistesbegriff zu erfassen." [28]

Es ist nur allzu verständlich, dass Fischer hier nicht auf genauere Titel verweist, wenn man bedenkt, dass es sich hier um einen mündlichen Vortrag handelt. Der zweite Abschnitt muss mit der Feststellung schließen, dass auch bei Hegel das Moment einer eindeutigen Sinngebung für die Handlung fehlt.

3. »Heutige« Gewissensbegriffe

Nach dem Ausflug in die Geschichte zieht Fischer selbst eine erste Zwischenbilanz:

„Das Gewissen hat die Struktur einer *unmittelbaren Gewissheit*. Das heißt also, es wird dem einzelnen unmittelbar *evident,* ob er ein bestimmtes – in einer Situation realisierbares – Motiv verwirklichen soll oder nicht."[29]

Es geht also zunächst einmal nicht um die Handlungen, sondern um die Motive, also die Zwecksetzungen. Die Handlungen sind in diesem Zusammenhang nur die Mittel, die Wege, die zum Erreichen der Zwecke eingeschlagen werden und die sich aus der Ableitung der Motive ergeben. Daraus ergibt sich die Analogie zur theoretischen Gewissheit:

„In diesem Sinne geht also das Gewissen ebenso wie die theoretische Gewißheit auf vorgegebene, objektiv nicht relativierbare Inhalte, in deren unmittelbarere Betroffenheit der einzelne steht, deren Anspruch er wohl umgehen oder dem er widersprechen kann, freilich nur, ohne ihre Gültigkeit aufheben zu können."[30]

---

[28] ebenda, S.71. Fischer spielt hier wahrscheinlich auf die Monographie Theodor Litt: Hegel. Versuch einer kritischen Erneuerung, Heidelberg 1953 an.
[29] Fischer, 1979 (1999), S.71.
[30] ebenda, S.72. Fischer benutzt hier den Begriff der theoretischen Gewissheit in Anlehnung an Hegel: „Das Wissen, welches zuerst oder unmittelbar unser Gegenstand ist, kann kein anderes seyn, als dasjenige, welches selbst unmittelbares Wissen, Wissen des unmittelbaren oder Seyenden ist. Wir haben uns ebenso unmittelbar oder aufnehmend zu verhalten, also nichts an ihm, wie es sich darbietet zu verändern, und

Der Anspruch des Gewissens wird wohl als Autorität erfahren, aber es ist keine fremde, der sich das Ich unterzuordnen hat, sondern die eigene. So bleibt der Erziehung dann eigentlich nur die leichte Aufgabe, den Zögling zu ermahnen, seinem Gewissen zu folgen.[31]

Bis hierher hätte man den Begriff Gewissen durchaus mit der Vorstellung gleichsetzen können, die man im Alltag mit »Gewissen« zu verbinden pflegt. Nun grenzt Fischer seinen Begriff auch hiergegen klar ab:

> „In der Alltagssprache sind wir gewohnt, mit dem Worte Gewissen die Vorstellung einer inneren persönlich ansprechenden Gewißheit zu verbinden, die einem je sagt, was man tun und was man lassen soll. [Diese Interpretation wird der Eigenart des Gewißheitscharakters des Gewissens nicht gerecht, J.P.] [...] Dieser Gewißheitscharakter beinhaltet nämlich, daß das, was im Gewissen je unmittelbar *gemeint* ist, je auch in seinen einzelnen Gründen gesagt werden kann, kurz, daß das Gewissen des einzelnen über die Aussage seines Beweggrundes kommunikativ werden kann, ganz ähnlich, wie auch eine Erfahrungsgewissheit ja erst kommunikativ wird über ihre Aussage im Satzsystem der Wissenschaft."[32]

Es ist also nicht jene Empfindung, die ich verspüre, wenn ich vor eine Situation gestellt bin, und nach dem Gewissen handle, die einem auch eher in ihrer negativen Wendung, nämlich als »schlechtes Gewissen« bekannt ist. Dieses Gewissen zeichnet sich vor allem durch seine Sollensgehalte aus und hat obendrein den Vorzug, kommunizierbar zu sein. Die bisherige Entwicklung des Gewissensbegriffes mündet nun in die Theorie vom common sense:

> „Wenn das Gewissen eine Einsicht ist, deren Inhalt dem Menschen stets unmittelbar vorgegeben ist, so folgt daraus, daß es

---

von dem Auffassen das Begreifen fern zu halten. [...] Ich habe die Gewißheit durch ein anderes, nemlich die Sache; und diese ist eben so in der Gewißheit durch ein anderes, nemlich durch Ich." In: Georg Wilhelm Friedrich Hegel, Phänomenologie des Geistes, hrsg. v. W. Bonsiepen und R. Heede, Hamburg 1980 (= G.W.F. Hegel, Gesammelte Werke Bd. 9, in Verbindung mit der deutschen Forschungsgemeinschaft, hrsg. von der Rheinisch-Westfälischen Akademie der Wissenschaften), S.63f.
[31] Fischer, 1979 (1999), S.72.
[32] ebenda, S.167f [Fn 5].

im Wesentlichen für *alle Menschen dasselbe* Gewissen gibt, daß es sich nur in unwesentlichen, meist kulturbedingten Variationen voneinander unterscheidet."[33]

Das dennoch häufig zustande kommende unterschiedliche Verhalten habe schließlich darin seine Ursache, dass verschiedene Menschen nicht richtig auf das Gewissen hören, oder nur heucheln, das Gewissen würde ihnen dieses oder jenes gebieten.[34] Auch dieser Auffassung weiß Fischer zwei Kritikpunkte entgegenzusetzen. Erstens sind die erzieherischen Möglichkeiten bei einer solchen Auffassung äußerst gering, da die Gründe des Handelns in der Irrationalität des Gewissens verborgen bleiben. Zweitens sind die als verpflichtend erlebten Normen der common-sense-Theorie auf einen „beschränkten Situationsbereich menschlichen Verhaltens bezogen" und verlieren ihren konkreten Charakter, sobald man sie aus ihrem Beziehungsgefüge löst und auf andere Gebiete anzuwenden versucht.[35] Auch hier kann der Vorzug des Gewissens nicht ersetzt werden, dass es nämlich eindeutig für bestimmte Motive konkreter Situationen auslegbar ist.

4. Toleranz als Lösung?

Die Überlegungen führen Fischer nun zu einem Punkt, der sich schon im vorigen Abschnitt angedeutet hat. Das Gewissen stellt sich, so wie es bisher durchdacht wurde, noch immer als absolut irrationale Instanz dar. So treffen unterschiedliche Meinungen aufeinander, die sich beide auf das Gewissen berufen. In einem solchen Konfliktfall gibt es zwei Arten zu reagieren. In der einen wird jedem die Echtheit seines Anspruches abgesprochen, wenn er dem eigenen widerspricht. Die andere Reaktion „ist die Haltung der Toleranz."[36] Fraglich ist nur, ob die Toleranz eine weltumfassende ethische Kommunikation ermöglichen kann:

> „Man kann sich aber nicht darüber hinwegtäuschen, daß auch mit der Toleranz die Eindeutigkeit der ethischen Norm für bestimmte Situationen aufgegeben ist."[37]

---

[33] ebenda, S.72.
[34] ebenda, S.73.
[35] ebenda, S.168 [Fn 5] und S.73.
[36] ebenda, S.74.
[37] ebenda.

Aus dieser Haltung resultiert schließlich eine „Indifferenz in ethischen Fragen überhaupt"[38]. Sie würde also der Kommunikation im Wege stehen und eine Kultur der ethischen Egalität erzeugen. Der Versuch, sich wenigstens über die gegensätzlichen Interessen zu verständigen, scheitert nach Fischer von vornherein an deren Gegensätzlichkeit. Das ist nun insofern fraglich, als der Sinn des Wortes »Verständigung« ungeklärt bleibt. Der reinen Kenntnisnahme des gegensätzlichen Standpunktes steht nämlich nichts entgegen. Fischer kann hier eigentlich »Verständigung« nur als Einigung meinen, die dann natürlich an der Gegensätzlichkeit, der Interessen scheitern muss.

Die Überlegungen sind jetzt an einen Punkt gelangt, der sehr an die Ausgangslage erinnert. Fischer hat durch sein systematisches Ausschließen der vergangenen und »gegenwärtigen« (also in seinem Sinne gegenwärtigen) Ansätze zur möglichen Fundierung eines Gewissensbegriffes eine gedankliche Kreisbewegung nachgezeichnet, an deren Ende sich der Leser (oder Zuhörer) im Ausgangspunkt wiederfindet. Erst von hier aus ist das über einen neuen, sich nicht nur aus der Negation der alten Ansätze erschließenden Ansatz für eine Grundlage Gewissens möglich.

> „Diese Grundlage dürfte nicht - wie entwickelt - eine irrationale und unmittelbare Instanz des einzelnen nur bei sich selber sein, sondern sie müßte darüber hinaus so beschaffen sein, daß eine Verständigung über entgegengesetzte Gewissensansprüche *möglich* wird."[39]

5. Empirische Gewissheit zur Begründung des Handelns

Der naheliegendste Versuch einer Lösung ist die Behandlung der Frage, ob nicht die empirische Gewissheit selbst zur Begründung des Handelns dienlich sein kann. Hier haben wenigstens die Streitigkeiten über Gewissensauslegungen noch eine gute Chance, beigelegt zu werden, was ja im Zuge des Fortschrittes immer deutlicher geschieht. Es ist sogar schon genau durchdacht worden:

---

[38] ebenda.
[39] ebenda.

"Jede konkrete Situation, in der sich ein Handelnder befindet, läßt sich leicht als eine Position innerhalb eines Koordinatensystems von empirischen Gesetzen denken. Aus diesen wäre dann einfach zu ermessen, was je und je zu geschehen hat. [...] der Erzieher hätte nur die Aufgabe, in die empirischen Zusammenhänge gewissenhaft einzuführen, um dem Zögling sachgerechtes Verhalten zu ermöglichen."[40]

Es wären auf der Grundlage dieses Verhaltenskanons sogar noch nicht eingetretene Situationen vorhersagbar, wenn man sich das Koordinatensystem mehrdimensional denkt. Warum es der empirischen Gewissheit und ihrer Auslegung in den Wissenschaften dennoch unmöglich ist, wertsetzend bestimmend für das Verhalten in konkreten Situationen zu sein, lässt sich erklären, wenn man sich die Vorraussetzung einer Wissenschaft, „also die Struktur des unmittelbaren Sinngehaltes, in dem sie ihrer Erfahrungsgewißheit nach fundiert ist"[41], einmal mit Franz Fischer vergegenwärtigt. Von der unmittelbaren Gewissheit erfahren wir nur unmittelbar die Beschaffenheit eines erschauten Phänomens, lediglich sein Sosein. Ein Verständnis dieses Phänomens erhält man allerdings erst, wenn dieses Phänomen zu allen anderen seiner Art in Beziehung gesetzt wird. Erst durch die Vermittlung zu anderen Phänomenen ist eine Erklärung möglich, warum dieses Phänomen so oder so beschaffen ist.

„Diese Vermittlung oder Auslegung der Erfahrungen erfolgt – wie schon erwähnt – in Satzsystemen, die Beziehungsgefüge ihrer Gegebenheiten sind [...]."[42]

So bleibt die Tatsache, dass etwas „unvermittelt vorgegebenes Faktum der Erfahrungsgewißheit"[43] ist. Es spielt keine Rolle, ob etwas sein soll oder nicht, die Wissenschaften erklären nur in Wenn-Dann-Beziehungen und versuchen die Phänomene von dieser Seite zu erklären.

„Ob wir aber diese Ursache, ob wir ein bestimmtes »Wenn« setzen sollen, um ein bestimmtes »Dann« herbeizuführen, darüber sagt uns die Struktur empirischer Gesetze nichts. Die Meinung,

---

[40] ebenda, S.168 [Fn 7].
[41] ebenda, S.76.
[42] ebenda, S.75.
[43] ebenda.

von ihr her Zielsetzungen ableiten zu können, täuscht also. Das Ermessen zeigt sich auf die methodische Mittelfindung für Ziele, die von woanders beigebracht werden müssen, beschränkt."[44]

Insofern ist es unmöglich, dass das Gewissen durch die empirische Gewissheit ersetzt wird, und wo es doch geschieht, dort entsteht Ideologie:

> „Wird nämlich die Voraussetzung einer Wissenschaft, also die Struktur des unmittelbaren Sinngehaltes, in dem sie ihrer Erfahrungsgewißheit nach fundiert ist, nicht als eine solche methodische Voraussetzung durchschaut, dann bestimmt sich das Handeln aus dieser Gewißheit, d.h. sie wird zwangsläufig, gegen ihren Sinn zur normativen Zwecksetzung für das Handeln erhoben."[45]

Diese Voraussetzung wurde oben besprochen. Es ist die Einsicht in das der Wissenschaft unvermittelt vorgegebene Faktum. Wenn sich aber das Handeln aus dieser Gewissheit bestimmt, wird die Voraussetzung zur Zwecksetzung erklärt. Aus der wissenschaftlichen Feststellung, dass etwas so oder so ist, würde gefolgert werden, dass es so oder so *sein soll*. So wäre die Ideologie geboren. Die Satzsysteme würden sich dann „zu ihren Voraussetzungen wie Systeme der hypothetischen Mittelfindung zur Zwecksetzung der Ideologie" verhalten.[46] Aufgeschlüsselt bedeutet das: Satzsysteme/ihre Voraussetzungen = Hypothetische Mittelfindung/ Zwecksetzung der Ideologie. In Worten: Die Systeme der hypothetischen Mittelfindung würden von der Zwecksetzung der Ideologie bestimmt werden wie die Satzsysteme von ihren Voraussetzungen abhängen. Das Handeln nach einer Ideologie ist aber keine Gewissens-, sondern eine Ermessensfrage.[47] Das hat die Einschränkung des Gewissensanspruches zur Folge.

---

[44] ebenda, S.168 [Fn 8].
[45] ebenda, S.76.
[46] ebenda.
[47] ebenda, S.76f.

6. Grundlegung des Gewissensbegriffs über die Sinnstruktur der Situationen

Das Moment einer letzten Grundlage für die Entscheidungen erschließt sich in der Frage nach *der Sinnstruktur einer jeden konkreten Situation*. Auch für ihre zunächst empirische Erfassung gilt, was bereits in der Analyse der Erfahrungsgewissheit gesagt wurde: ihr qualitatives Sosein eröffnet sich uns jedes Mal unmittelbar.

> „Daß uns aber jede Situation auf diese Weise mit den Bedeutungsgehalten ihrer Erfahrungsgewißheit »sinnhaft« anspricht, darüber haben wir in der Erfahrungsgewißheit noch kein Bewußtsein. Die Vorraussetzung der Sinnhaftigkeit wird also dort noch nicht als eine solche erkannt und ihre Ableitung in Beziehungssystemen begründet sich allein von den in der Gewißheit gemeinten Sachverhalten her, ohne daß der Umstand, daß diese Sachverhalte sinnhaft vorgegeben sind, problematisch würde."[48]

Vor dem Sinn der Sachverhalte selber muss demnach ein Sinn des unmittelbar Angesprochenseins liegen, damit Fischers Ausführungen eine logische Beziehung haben. Dass aber dieser Sinn existiert, hat für die Auslegung der unmittelbaren Gewissheit keine Relevanz. Insofern sind die Auslegungen wertfrei, was Fischer auch selber festhält. Das Gewissen wird von ihm konsequenterweise als *„Gewißheit über die empirische Gewißheit* selber"[49] beschrieben. Hier sind wir uns nämlich der Sinnhaftigkeit jeder Situation bewusst.

> *„Nun ist es eben diese* Gewißheit *eines sinnhaft Angesprochenseins in der konkreten Situation, die das Gewissen als Gewissen kennzeichnet und die das Gewissen zu einem Bewußtsein über die in jeder Situation verpflichtende Sinngebung erhebt."*[50]

Nun sticht auf den ersten Blick natürlich die Frage ins Auge, wie ich vom Bewusstsein des sinnhaft Angesprochenseins zum Bewusstsein der *Verpflichtung* gelangen soll. Aber die Antwort darauf erübrigt sich, wenn

---

[48] ebenda, S.78.
[49] ebenda.
[50] ebenda.

man die Struktur des Angesprochenseins überdenkt. Ich denke, Fischer meint hier nicht »Angesprochensein« in dem Sinne, in dem wir durch die Sinneswahrnehmung direkt betroffen sind, die Situation wörtlich spüren. Vielmehr glaube ich, dass sich uns im Gewissen der Sollensgehalt einer jeden Situation eröffnet, wir in ihm deren Aufgegebenheit zu uns erkennen. Fischer sieht so in dem Gewissen eine *„Gewißheit über die Sinngebung in dieser Situation"*.[51]

Wichtig ist bei diesem Gedanken, dass das empirische Interesse als Mittelfinder für die Gewissenszwecke dient und nicht umgekehrt. Weiter schreibt Fischer:

„Dieser unmittelbare Sinn des Gewissens selber, der sich nur als Wertsetzung von Motiven ausspricht, die in konkreten Situationen sinnvoll, also realisierbar erscheinen, besagt stets nur, daß ein Motiv gut oder dass es nicht gut ist, es besagt aber in seiner Unmittelbarkeit nicht, was für Motive hier zur Wahl stehen."[52]

Es ist dann aber eine Auslegung des Gewissens nötig, die die Motive, die in einer bestimmten Situation das Handeln bestimmen sollen, »explizert«. Das geschieht in der Form von allgemeinen Zwecksetzungen. Die Erklärung also für die Wahl dieser oder jener Motive, geht nur über die Gewissensauslegung, in Analogie zu Vermittlung der Erfahrungsgewissheit in den Satzsystemen. Diese „Explikation"[53] ist nun aber keine theoretische Ableitung,

„sondern die allgemeinen Zwecksetzungen, oder Forderungen des Gewissens entstehen in der *praktischen* Bejahung und damit in der Entscheidung des *Glaubens* zum Anspruch des Gewissens. [...] Die Frage einer möglichen Kommunikation unter den Menschen *über die Ansprüche persönlicher Gewissensforderungen hinweg* ist mit der geschichtlichen Auslegung des unmittelbaren Gewissens *positiv* beantwortet. Diese Auslegung – also die geschichtlich vorliegenden Normsysteme und ihr konkreter

---

[51] ebenda.
[52] ebenda, S.78f.
[53] ebenda, S.79.

Situationsbezug – sind es, die eine Vermittlung über entgegengesetzte Gewissensansprüche möglich machen."[54]

Im Glauben an den Anspruch des Gewissens werden wir nicht nur der allgemeinen Zwecksetzungen gewahr, sondern ermöglichen auch im praktischen Bereich eine Kommunikation über alle Gegensätze hinweg. Da die Systeme im Glauben ihr Element haben, die Vermittlung also auch nur im fortschreitenden Selbstverständnis des Glaubens möglich wird, bremst Fischer im letzten Satz die Hoffnungen auf eine allzu rasche Entwicklung.[55] Der Vortrag bricht mit dem Ende der Seite ab und es ist nicht ganz abzusehen, ob er hier wirklich enden sollte, da der letzte Satz nicht mehr von ihm selbst beendet wurde. Gedanklich schließt sich hier durchaus sein Konzept: Wurde oben schon festgestellt, dass die ersten vier Punkte als Kreis beschrieben werden können, so repräsentieren die letzten beiden die zwei möglichen Schritte aus diesem Kreis. Der erste war ein Schritt zurück, quasi in das innere des Kreises hinein, wo auch ein akzeptables Verständnis des Gewissens ausblieb. Der letzte Schritt schließlich ging nach vorn, von der Kreisbahn weg und erbrachte die Lösung des Problems.

7. Anhang

Die letzten beiden Unterpunkte haben nur noch indirekt mit dem Vortragstext zu tun. Da das Gewissen hier mehr von der Grenzziehung zur empirischen Gewissheit entwickelt wurde, schließt es sich nicht an das abgeschlossene Konzept des Haupttextes an. Daher wird hier nicht näher darauf eingegangen. Zwei Stellen scheinen aber dennoch von Bedeutung zu sein: Zum einen die Festigung des Gewissens als Bejahung zu seinem Anspruch:

„Diese Beweggründe (Sitte, Recht, Religion) gehen nicht durch theoretische Ableitung aus dem Gewissen hervor, sondern aus der Bejahung eines Anspruches in Entscheidungen und können daher auch konkrete Motive für Situationen meinen, die denen ähnlich sind, aus denen sie hervorgingen."[56]

---

[54] ebenda, S.79f.
[55] ebenda, S.80.
[56] ebenda, S.81.

Zum anderen der Gedanke der Weiterarbeit mit den Beweggründen des Gewissens:

> „Beweggründe des Gewissens für sich genügen noch nicht, um ein ethisch gerechtfertigtes Verhalten zu ermöglichen. Das *Gewissen* für sich ohne das *Ermessen* führt in einen abstrakten Idealismus, in die Kultivierung einer Gesinnung, der die Verantwortung um das Vollbringen gleichgültig ist."[57]

Die Gewissensdiskussion Heute

Wie oben bereits erwähnt, setzte die Gewissensdiskussion nicht erst bei Kant oder Hegel ein. Schon Menander sah das Gewissen als Stimme Gottes in uns.[58] Seneca und Cicero unterteilten gar das Gewissen in mehrere Teile.[59] Luther schließlich ermöglichte mit seiner Dreiteilung die Säkularisierung des Gewissensbegriffes.[60]

Inwieweit sich Fischer mit diesem sehr weit zurückreichenden historischen Aspekt auseinander setzte, lässt sich leider nicht mehr zurückverfolgen. Seine große Schwäche (vielleicht ist es sogar eine Schwäche der gesamten Pädagogik) ist der sehr magere Quellenbezug. Es ist sicher nicht zu bezweifeln, dass er sich intensiv und kritisch mit der philosophischen Tradition beschäftigte, aber leider fehlen die konkreten Bezüge, die über das Angeben eines entlehnten Begriffes meist nicht hinausweisen. So bezieht er zum Beispiel Stellung zu dem Gewissensbegriff seines Kollegen Nicolai Hartmann, ohne jedoch Ausgangspunkt oder Ziel anzugeben.[61]

---

[57] ebenda, S.81f.
[58] Hans Lenk, Einführung in die angewandte Ethik, Verantwortlichkeit und Gewissen, Stuttgart 1997, S.13. Hans Lenk gibt hier einen sehr guten und treffenden Überblick über die geschichtlichen Gewissensbegriffe von Menander bis Levinas, auf die hier nicht weiter eingegangen werden soll. (Siehe S.12-40).
[59] ebenda, S.14.
[60] ebenda, S.16.
[61] vgl dazu: Franz Fischer, Die Erziehung des Gewissens, in: Geist und Erziehung. Aus dem Gespräch zwischen Philosophie und Pädagogik, Kleine Bonner Festgabe für Theodor Litt, hrsg. von J. Derbolav und F. Nicolin, Bonn, 1955, S.147-188, hier S.168. Man beachte die Aussagen Hartmanns zum Gewissen: „Die sogenannte »Stimme des

Dieser Umstand macht es nicht nur schwer, Fischer einzuordnen, sondern auch seine Gedankengänge richtig zu verstehen und von bereits vorhandenen oder bekannten Ideen abzugrenzen.

Die Gewissens- oder Wertediskussion kennt heute daher kaum noch Franz Fischers Ansätze. Die Problematik ist geblieben, doch macht sich zusehend Ratlosigkeit breit:

> „Freilich weiß kaum jemand, wie er die gesuchten Werte definieren soll. Ein Gefühl des Werteverlusts bestimmt Urteil über die pluralistische Gegenwart."[62]

Angesichts dieser Entwicklungen wäre vielleicht eine Rückbesinnung auf Fischer und sein Lösungskonzept denkbar.

Zusammenfassung

Als Franz Fischer in den 1950er Jahren seine „Erziehung des Gewissens" konzipierte, hatte er eine Vorahnung von den Zuständen, die herrschen könnten, wenn man sich nicht der Aufgabe stellen würde, der wachsenden empirisch-theoretischen Forschung, eine ethisch-pädagogische an die Seite zu stellen. Heute muss man leider feststellen, dass es die Ethik nicht geschafft hat, der überfallartigen technologischen Entwicklung ein Wertekonzept entgegenzustellen. Wir sind in einer orientierungslosen wertepluralistischen Zeit gelandet, in der die Frage nach dem Sinn eine Relevanz besitzt, wie nie zuvor. Für – oder besser gegen – eine solche Zeit hat Franz Fischer ein Konzept entwickelt, dass nicht nur Sinn, Halt und Orientierung gibt, sondern sich zudem auch noch durch seine Universalität auszeichnet. Mit der Sensibilisierung für ein Gewissen im Sinne Fischers könnte ein neuer Anfang, gerade in der Pädagogik geschaffen werden. Der Geist der Bonner 1950er Jahre könnte heute wieder aufblühen, da er es jetzt mehr denn je braucht. Ich bin jedenfalls davon über-

---

Gewissens« ist eine Grundform des primären Wertebewusstseins [...]." In: Nicolai Hartmann, Ethik, Berlin 1962 [4. Aufl.].
[62] Wolfgang Edelstein, Fritz Oser, Peter Schuster, Moralische Erziehung in der Schule, Entwicklungspsychologie und pädagogische Praxis, Hemsbach 2001.

zeugt, dass das Gewissenskonzept Fischers Früchte tragen kann. Die Untersuchung hat gezeigt, dass der Weg Fischers hochgradig aktuell ist.

Franz Fischer und sein Verständnis der Begriffe des Gewissens sowie der Proflexion

Christina König

Einleitung

In dieser Arbeit beschäftige ich mich mit dem Philosophen Franz Fischer und einigen seiner Grundgedanken. Im Rahmen des Seminars *Menschenwürde und Bildung der Person* habe ich Franz Fischer in einem Referat vorgestellt.[1] Seine Gedanken sind sehr interessant, sie sind jedoch nicht einfach zu verstehen. Leider ist er früh verstorben. Er hat seine Schriften nicht selbst publiziert. Sie wurden nach seinem Tod von seinen Kollegen und seiner Frau zusammengestellt – er hinterließ hauptsächlich Textfragmente – und herausgebracht. Ich möchte auf sein Verständnis des Gewissens und auf den Begriff der Proflexion und Reflexion eingehen.

Zunächst möchte ich eine kurze Biografie anführen, danach gehe ich auf das Gewissen ein, wie es Franz Fischer versteht, anschließend auf den Begriff der Proflexion.

Biografie Franz Fischers[2]

Franz Fischer wurde mit seinem Zwillingsbruder Walter am 20. Mai 1929 in Neunkirchen, Niederösterreich geboren. Seine Eltern stammten aus Südmähren in der heutigen Tschechischen Republik. Bis zu seinem fünften Lebensjahr erlebte der kleine Junge bäuerliches Leben auf dem Gut, das sein Vater gepachtet hatte, im Kreis seiner vier Brüder. Die Eltern waren stark beeinflusst von der Wandervogelbewegung, sie fühlten sich dem bäuerlichen Ethos verpflichtet und pflegten Musik und Literatur.

---

[1] Hauptseminar zum Thema „Menschenwürde und Bildung der Person (SoSe 2004) an der Julius-Maximilians-Universität, Würzburg (Seminarleiter: Prof. Dr. A. Köpcke-Duttler).
[2] zur Biographie Fischers, siehe: Anne Fischer, Franz Fischer – biographische Notizen und Bibliographie, in: Franz Fischer, Proflexion. Logik der Menschlichkeit. Späte Schriften und letzte Entwürfe 1960-1970, Werkausgabe Bd. IV, hrsg. v. M. Benedikt & W. W. Priglinger, Wien 1985, S.607-617.

Durch die Folgen der Wirtschaftskrise gingen der Hof und das gesamte Vermögen der Familie verloren und es folgten Jahre in bitterster Armut in einer ehemaligen Spitzenfabrik, die zu einer notdürftigen Unterkunft für Arbeiter und Arbeitslose umgewandelt worden war. 1940 bekam der Vater eine feste Anstellung. Franz besuchte mit seinen Brüdern das Gymnasium. 1947 begann Franz gemeinsam mit seinem ältesten Bruder und seinem Zwillingsbruder Landwirtschaft zu studieren.

1948 wurde Franz Fischer bei der Arbeit als Nachtwache überfallen und so schwer verletzt, dass er mit dem Studium aussetzen musste.

Beeinflusst durch den Wiener Philosophen Erich Heintel begann er 1951 Philosophie zu studieren. Die zentrale Fragestellung, die ihn ein Leben lang beschäftigte, war: Wie kann man den Sinn der Wirklichkeit erkennen und wie kann man diesem Sinn in seinem Handeln entsprechen?

Im Juli 1955 ging Franz Fischer mit Josef Derbolav, der die Nachfolge von Theodor Litt antrat, an das Erziehungswissenschaftliche Institut in Bonn. Er versah die Funktion eines Assistenten bis 1962. 1956 heiratete Franz Fischer seine Frau Anne, in den Jahren 1958 und 1959 kamen ihre zwei Kinder zur Welt. Im ersten Halbjahr der Bonner Zeit baute Franz Fischer in einigen grundlegenden Abhandlungen, aus denen er dann seine Dissertation bei Erich Heintel (1956) entwickelte, seinen eigenen philosophischen Standpunkt aus: die Philosophie des *Sinnes von Sinn* im Gegensatz zu der des *Denkens von Denken* des Idealismus und im Unterschied zum *Sein des Daseins* im Existentialismus. Fast gleichzeitig übertrug Franz Fischer seinen philosophischen Ansatz ins Pädagogische mit den Schwerpunkten der *Erziehung des Gewissens* und der Dialektik der *Bildungskategorien*.

Anfang 1960 begann Franz Fischer aus den bisherigen Arbeiten seine Habilitationsschrift über die *Bildungskategorien* zu entwickeln. Fischer stand hierbei unter doppeltem Zeitdruck, zum einen lief seine befristete Assistentenstelle aus, zum anderen musste er die von Josef Derbolav vor Jahren angekündigte Darstellung der *Bildungskategorien* für die Öffentlichkeit liefern. Während der Arbeit an den *Bildungskategorien*, im

Frühjahr 1960, stieß Franz Fischer auf eine neue Spur philosophischen Denkens (die Entwicklung begann mit der Unterscheidung zwischen einer funktionalen »Verbildung« des Ego gegenüber der echten Bildung des Selbst). 1960 schrieb er die *Aporie des Selbst* für eine Litt-Festschrift und stieß mit dem schwierigen Text auf allgemeines Unverständnis und auf Ablehnung. Theodor Litt selbst erkannte allerdings die Qualität dieses Aufsatzes.

Franz Fischer konnte die *Bildungskategorien* nicht aus der Hand geben, bevor er die neue Position logisch gesichert hatte. Aus der Sicht der neuen Position musste er das schon Erarbeitete prüfen.

Franz Fischer versuchte aus der *Aporie des Selbst* eine neue Habilitationsschrift zu entwickeln. Es entstand das Traktat *Das Menschliche. Terminologischer Traktat.* Er legte diese Arbeit als mögliche Habilitationsschrift den Professoren Derbolav, Wagner und Martin zu einer vorläufigen Stellungnahme vor. Wagner und Martin aber lehnten seine Theorie ab und forderten ihn auf, eine historische Arbeit zu liefern. Da nun für Franz Fischer keine Aussicht mehr bestand, sich mit der Richtung seiner philosophischen Forschung zu habilitieren, wurde seine Stellung als Assistent unhaltbar. Er kündigte 1962 seine Stelle, um sich die notwendige Unabhängigkeit für seine Arbeit zu verschaffen. Er verlor mit diesem Schritt die finanzielle Grundlage und seine Gesprächspartner (Kollegen, Studenten).

1967 zog die Familie Fischer nach Norderstedt bei Hamburg um. Anne Fischer begann an der dortigen Fachschule für Sozialpädagogik und Psychologie zu unterrichten. Dieser Schritt brachte der Familie finanzielle Sicherheit, trug aber auch zur weiteren Vereinsamung Franz Fischers bei. Er litt zeitweise unter Depressionen. Am 4. November 1970 nahm sich Franz Fischer das Leben.

Wichtige Grundbegriffe in Franz Fischers Schriften

1. Das Gewissen

Die praktische Philosophie befindet sich seit der Neuzeit in einer Zwickmühle, wodurch sie immer weiter in die Bedeutungslosigkeit abgedrängt wird. Einerseits hat Kant im kategorischen Imperativ die Bedingung der Möglichkeit freien sittlichen Handelns aufgewiesen, durch seine sehr formale Fassung wurde aber bisher seine Konkretisierung in die gesellschaftliche Praxis hinein verhindert. Andererseits werden immer wieder neue materiale Wertlehren bemüht, deren gesellschaftliche Normsetzungen jedoch einer kategorischen Fundierung nicht genügen können.[3]

Mit seinem Beitrag zur Litt–Festschrift 1955 mit dem Titel Die *Erziehung des Gewissens*, die Skizze einer um den Gewissensbegriff zentrierten Grundlegung von Ethik, Pädagogik und Politik, trat Franz Fischer das erste Mal hervor.[4] Er konkretisiert darin nicht nur den von Kant stammenden Gedanken des kategorischen lmperativs in seiner grundsätzlich mitmenschlichen Dimension, sondern diskutiert auch die Konturen seiner pädagogischen und politischen Konsequenzen.

Ich möchte unter diesem Aspekt im Besonderen den Begriff des Gewissens bei Franz Fischer betrachten. Es ist wichtig dabei herauszuarbeiten, was Franz Fischer unter dem Begriff des Gewissens versteht, welche Bedeutung er hat und wie wir mit dem Begriff umgehen können. Bietet uns das Gewissen eine Hilfe an, unser Leben richtig zu führen? Oder ist es als eine Verpflichtung gegenüber unserem Aufgegebensein als Mensch zu verstehen?

---

[3] vgl. Wolfdietrich Schmied-Kowarzik, Sinnreflexion – Gewissen – Bildungssinn – Gegenseitigkeit. Zum Denkweg von Franz Fischer, in: Franz Fischer. Die Erziehung des Gewissens. Schriften und Entwürfe zur Ethik, Pädagogik, Politik und Hermeneutik. 2. Bd. Der nachgelassenen Schriften, hrsg. v. J. Derbolav [Nachdruck mit Ergänzungen der 1979 im A. Henn Verlag Kastellaun erschienenen Ausgabe], Norderstedt 1999, S.194-207: S.198.

2. Was ist das Gewissen?

„Das Gewissen hat die Struktur einer unmittelbaren Gewissheit."[5] Das heißt, es wird einem selbst unmittelbar offenkundig, ob man ein bestimmtes – in einer Situation realisierbares – Motiv verwirklichen soll oder nicht. Anders als die empirische Gewissheit, die sich auf das uns jeweils unmittelbar in der Erfahrung Gegebene bezieht, beurteilt das Gewissen nach Fischer die konkreten Motive unseres Handelns an dem uns unmittelbar sittlich Aufgegebenen.

Das Gewissen ist die absolute Instanz menschlicher Sittlichkeit in jedem von uns. Es beurteilt jedes konkrete Motiv unseres Wollens unmittelbar danach, inwiefern und ob es der vorausgesetzten Aufgegebenheit unseres Menschseins genügt.

> „Durch das Gewissen ist gleichsam eine Grenze durch uns selbst gezogen: die Gegebenheit der je konkreten Motive und unseres Wollens und dessen Beurteilung von der Aufgegebenheit unseres Menschseins her. Nun verläuft diese Grenzscheidung nicht so, dass wir durch sie in zwei Personen getrennt wären, sondern sie ereignet sich unmittelbar in der eigenen Beurteilung unserer konkreten Motive."[6]

Das Aufgegebensein ist weder empirisch erfahrbar noch kann es von außen an uns herangetragen werden. Dieses Erfahren des uns Aufgegebenen ist immer ein sittlich praktisches Vernehmen der urteilenden Stimme des Gewissens in uns. Als solches ist es unmittelbar und absolut. „Das Gewissen ist die Gewissheit der Transzendenz unseres Aufgegebenseins in und für uns selbst."[7]

> „Sofern das Gewissen also einerseits in seiner Vorgegebenheit zur Subjektivität des einzelnen unbedingte *Autorität* ist, ist es andererseits in seinem unmittelbaren Anspruch *keine* in dem

---

[4] Erstmals erschienen in: Geist und Erziehung. Aus dem Gespräch zwischen Philosophie und Pädagogik. Kleine Bonner Festgabe für Theodor Litt, hrsg. v. F. Nicolin & J. Derbolav, Bonn 1955, S.147-188. Im folgenden zitiert nach Fischer 1999, 11-39.
[5] Franz Fischer, Die Erziehung des Gewissens. Ein Vortrag, in: Fischer 1999, S.66-82: S.72.
[6] Schmied-Kowarzik 1999, S.199.
[7] ebenda.

Sinne *fremde* Autorität, daß er sich darin der Subjektivität eines anderen Menschen unterwerfen müßte."[8]

Das Gewissen hat nach Franz Fischer immer die Struktur einer unmittelbaren Gewissheit, es ist einem also immer sofort klar, ob man ein Motiv verwirklichen soll oder nicht. Das beinhaltet auch, dass das Gewissen nicht von außen an einen Menschen herangetragen werden kann, es ist immer subjektiv in ihm selbst. Das Gewissen ist eine unbedingte und unmittelbare Autorität in einem jeden von uns, eine absolute Instanz menschlicher Sittlichkeit. Es beurteilt, ob die Gegebenheiten der jeweils konkreten Motive dessen, was wir wollen, der Aufgegebenheit unseres Menschseins entsprechen. Aus dieser Aufgegebenheit wiederum entspringt das Gewissen. Es ist die Instanz, die versucht, dieser Aufgegebenheit entsprechend unser Handeln zu bestimmen.

Der Begriff der Aufgegebenheit unseres Menschseins, wie ihn Franz Fischer verwendet, ist schwer fassbar. Gründe dafür sind, dass er nicht empirisch erfahrbar ist. Er ist transzendent, er überschreitet die Grenzen der Erfahrung und des sinnlich Wahrnehmbaren. Das macht es schwer den Begriff der Aufgegebenheit zu akzeptieren. Franz Fischer begründet ihn folgendermaßen:

„In der Gewißheit des unmittelbaren Sinnes eines jeden Motivs sind wir uns der Grenze in uns selbst gewiß: der Grenze unseres Meinens als Wollen zum Gemeinten als Vollbringen. Wir erfahren *uns selbst* in der Gewißheit dieser Transzendenz *vorausgesetzt*, sofern wir (»aktuell«) *sind* und nicht nur »etwas« wollen, beziehen, reflektieren. In dieser Gewißheit der Grenze verhalten wir uns zu uns selbst: Wir sind uns selbst im Sinn des Motivs gegeben, wir sind uns »Anderer«. Die Gewißheit, daß wir uns gegeben sind, insofern wir (aktuell) sind, ist die Gewißheit der Bedingung der Möglichkeit unserer selbst: Dieses Uns-Gegebensein ist *Uns-Aufgegebensein*, und seine Gewißheit ist *Gewissen*, daß wir den Sinn unseres Wollens als Grenze in uns selbst nicht relativieren, nicht zum Mittel machen *sollen*."[9]

---

[8] Fischer 1999, S.72.
[9] ebenda, S.16.

3. Das Gewissen im Hinblick auf den Anderen / ein »Du«

In jedem seiner Urteile meint das Gewissen nach Franz Fischer die Aufgegebenheit unseres Menschseins absolut. Jedoch vermögen wir uns in dieser unvermittelten Vorausgesetztheit als kategorischer Imperativ weder Rechenschaft zu geben über das Was, den Sinn der Aufgegebenheit, noch können wir diesen Sinn anderen mitteilen, solange nicht der Sinn ihres Sinnes in mitmenschliche Forderungen hinein ausdrückbar wird.

Franz Fischer schreibt – im Sinne Martin Bubers – dass Du und Ich sich nicht nur gegenseitig aufgegeben, sondern auch aufeinander angewiesen sind. Ohne den Anderen ist der Sinn der Aufgegebenheit in Frage gestellt. Der Sinn unseres Aufgegebenseins kann erst dann mitgeteilt werden, wenn dies auch andere können.

Nach Franz Fischer kann nur aus und an den ursprünglichen Weisen mitmenschlicher Liebe, in allen Formen ursprünglicher Sitte, eine unmittelbar allgemeine Auslegung der Aufgegebenheit unseres Menschseins erfolgen.

„Erst hier in der unmittelbar allgemeinen Sinnauslegung des Gewissens wird das gegenseitige Aufgegebensein von Ich und Du konstituiert: das Aufgegebensein eines Du im Bezug auf unser Ich und das Aufgegebensein unseres Ich im Hinblick auf ein Du."[10]

„Weiter aber haben wir im Gewissen »uns« vor allem dort zum Gewissen, wo wir uns konkret-individuell gegeben und aufgegeben erfahren: In der Begegnung des »Du«. Wo immer wir unser Handeln nach dem Sinn von »Du« bestimmen, bestimmen wir es nach unserer Bestimmung, wo wir Motive entscheiden, in denen »Du« Mittel wofür immer ist, relativieren wir uns selbst. Wir spüren, daß es hier im »Anderen« um uns selbst geht."[11]

Fischer macht deutlich, dass wir gegen unser Gewissen und letztlich auch gegen uns selber handeln, wenn wir den anderen als Mittel zum Zweck

---

[10] Schmied-Kowarzik 1999, S.199.
[11] Fischer 1999, S.16.

missbrauchen, wir »sind« nur, wenn wir spüren, dass es im Anderen um uns selbst geht.

Franz Fischer zufolge ist der Andere weder eine empirische Erfahrung, noch erwächst uns die Aufgegebenheit des Anderen erst aus der Erfahrung seines Verhaltens uns gegenüber. Vielmehr in der unvermittelt vorausgesetzten Aufgegebenheit des Menschseins, von der wir unmittelbar durch das Gewissen Kunde haben, gründet der Anspruch des Du. Diese Aufgegebenheit wird uns jedoch zuerst greifbar in den Bezügen ursprünglicher Liebe und Sitte. Genau darin legt sich das Aufgegebensein des Gewissens erstmals fassbar aus.

„Wo wir das uns aufgegebene Verhältnis zum Du verfehlen, verfehlen wir auch uns selbst in unserem Aufgegebensein, und wo wir uns unserem Gewissen versperren, da versperren wir uns auch der Zuwendung zum Anderen. Dies geschieht überall dort, wo wir uns selbst oder den Anderen zum Mittel unserer Interessen machen."[12]

4. Gesellschaftliche Geltungssysteme und das Gewissen

Von der direkten Begegnung mit dem Anderen ausgehend, geht Franz Fischer auch auf größere gesellschaftliche Zusammenhänge ein. Ihm ist es wichtig, dass sich seine Gedanken auch auf den größeren Rahmen der Gesellschaft beziehen lassen und nicht nur in der direkten Begegnung einzelner stehen bleiben.

Die in den unmittelbar–allgemeinen Verhaltensformen von Mitmenschlichkeit gemeinte Aufgegebenheit des Menschseins wird in ihrem positiv–allgemeinen Sinn in den Geltungssystemen der Sittlichkeit, des Rechts, der politischen Gemeinschaft und der Religion zum Ausdruck gebracht und deutlich. Diese Geltungssysteme sind nach Franz Fischer Auslegungssysteme des Sinns des Gewissens. Selbstverständlich sind Sittlichkeit, Recht, Staat und Religion geschichtlich gewordene und kulturell geprägte Geltungssysteme. Das macht sie aber keineswegs zu willkürlichen Setzungen. Es relativiert auch keineswegs ihre Geltung, denn ihre Verbindlichkeit gründet in dem im Gewissen verankerten Sinnanspruch des Menschseins, den sie als das von ihnen Gemeinte auslegen. Die kulturelle Prägung und das geschichtliche Bestimmtsein erweisen sich somit als Ergebnis der Arbeit positiver Auslegung des unmittelbaren Gewissensanspruchs selbst. „Die Geschichte positiver Forderungen ist somit die Geschichte des Gewissens"[13] im menschheitlich gemeinsamen Maßstab.

Alle diese sittlichen, rechtlichen, politischen und religiösen Forderungen gründen letztlich, so Fischer, im bejahenden Glauben, dass wir in unserem Menschsein in einen Sinnanspruch gestellt sind, den nicht wir geschaffen haben, sondern der an uns durch den Sinn aus sich selbst ergeht. In ganz besonderer Weise gilt dies für die Offenbarungsreligion, worunter Franz Fischer den sich im positiven Wort der Nächstenliebe ereignenden Sinn aus sich selber versteht. Nach Franz Fischer ist es der Religion wesentlich,

> „[...] nicht nur für bestimmte Situationsarten, sondern für jede Situation sinngebende Auslegungen des Gewissens auszusprechen; womit gesagt werden darf, daß *jede* Daseinsführung, wie immer sie sich auch versteht, in der Totalität ihrer Wertvorstellungen *religiöse* Struktur hat, d.h. in der Bejahung ihres absoluten Anspruches Glaubenscharakter besitzt."[14]

Franz Fischer sieht den Glauben der Offenbarungsreligion gegenüber sonstigen Sinngebungen dadurch charakterisiert, dass er sich als Sinngebung versteht, welche nicht aus Entscheidungen des Menschen hervorgegangen ist. Sie hat vielmehr das Wort, das sich aus sich selber geoffenbart hat, zum Inhalt. „Damit bekommt auch der Begriff des Glaubens einen anderen Sinn, nämlich den einer Wirklichkeit, die nicht vom Menschen her zu deuten ist, sondern von der her der Mensch erst sinnvoll wird."[15]

---

[12] Schmied-Kowarzik 1999, S.199f.
[13] Fischer 1999, S.25.
[14] ebenda S.79.
[15] ebenda.

5. Die Erziehung des Gewissens

Auf Grund der Erwägungen zum Begriff des Gewissens sollte die Forderung der Erziehung des Gewissens bedacht werden. Sie ist nach Fischer selbst eine Gewissensfrage. Nur aus der Aufgegebenheit des Du des Heranwachsenden kann sie begründet werden.

Ist die Erziehung des Gewissens daran orientiert, dass das Gewissen in seiner Vorgegebenheit zur Subjektivität des Einzelnen unbedingte Autorität ist und als eine Instanz erscheint, die das „An-sich-Gute"[16] eröffnet, besteht ihre Aufgabe hauptsächlich darin, an den Zögling zu appellieren, nichts anderem als seinem Gewissen zu folgen und dieses Verhalten zur absoluten Pflicht zu erheben.

Daraus schließt Franz Fischer, dass hier die Würde der Persönlichkeit darin liegt, dass der Mensch dem unmittelbaren Anspruch seiner innersten Verpflichtung folgen kann, aber nicht muss, und dieser Anspruch selbst jeder Diskussion entrückt ist. Deshalb erscheint es auch sinnlos, noch hinter das Gewissen zurückgehen zu wollen, wenn es gilt, festzustellen, ob etwas gut oder nicht gut ist.

Am Anfang der Erziehung des Gewissens muss Franz Fischer zu Folge stehen, das Gewissen des Kindes und des Heranwachsenden im Sinne von Fichtes *Aufforderung zur Selbsttätigkeit* – in sich selbst zu festigen. Dies kann aber nur der immer wieder zu erneuernde erste Schritt der Verankerung der Gewissenserziehung im Gewissen des Heranwachsenden sein. Das verpflichtet den Erzieher dazu, dem Heranwachsenden seinem Verstehens- und Vollbringenshorizont gemäß fortschreitende Gewissensansprüche zu erschließen, sowie Forderungen aus seinem unmittelbar konkreten sozialen Umgang als auch ein Vernehmen und Bejahen positiv allgemeiner Geltungsansprüche näher zu bringen. Über theoretische Wissensvermittlung kann dies aber niemals erfolgen, denn ein Gewissensanspruch kann nicht gewusst, sondern nur aus dem eigenen Gewissen heraus geglaubt werden. Gerade weil es sich um keine Wissensvermittlung handelt, sondern um die Offenbarmachung eines Gewissensanspruchs, kann jegliche Gewissenserziehung nach Franz Fischer nur dort vom Erzieher glaubhaft geleistet werden, wo er selber dem Gewissensanspruch verpflichtet ist, den er dem Heranwachsenden nahe zu bringen versucht.

„Das positiv vermittelnde Wort, durch das der Erzieher das Gewissen des Heranwachsenden zu erreichen versucht, gründet in der im Gewissen des Erziehers verankerten Bejahung des Gewissens des Heranwachsenden, und es kann nur dort das Gewissen des Heranwachsenden erreichen, wo dieser sich in seinem Gewissen durch den Erzieher bejaht zu erfahren vermag."[17]

6. Das Konzept des Handelns aufgrund des Gewissens

Für Franz Fischer gibt es kein reines und voraussetzungsloses Denken. Alles Denken kann nur sinnvoll sein, wenn davon ausgegangen wird, dass die »vorausgesetzte« Wirklichkeit das Denken mit sinnlichem Inhalt füllt.

Das Gewissen, so wie Franz Fischer es konzipiert hat, kann zum konkret Individuellen »durchstoßen« und den Anspruchssinn der sinnlichen Wirklichkeit erfahren. Wenn dies geboten ist, kann das Gewissen den vorausgesetzten Anspruchssinn der konkreten Wirklichkeit ins praktische Handeln umsetzen.

„Nur im Handeln, im praktischen Handeln, erreichen wir das Gemeinte der Wirklichkeit. Das Gewissen als das »Mitwissen« (conscientia) des je einzelnen Individuums kann im Handeln zum konkret Individuellen der Wirklichkeit gleichsam »durchstoßen«."[18]

Das Gewissen, so wie es Franz Fischer sieht, gibt uns Sicherheit im Handeln. Es spricht primär die Sprache der Handlung und ist erst sekundär Sprache des Bewusstseins. Das Gewissen kann den Anspruchssinn der sinnlich basierten konkreten Wirklichkeit »verstehen« und drückt sich in »Beweggründen« und »Motiven« angemessenen Handelns aus. Es bein-

---

[16] ebenda, S.72.
[17] Schmied-Kowarzik 1999, S.201.
[18] Karl-Hermann Schäfer, Fischer, Hegel und Schleiermacher, Franz Fischer Jahrbuch für Philosophie und Pädagogik 5 (2000), S.41-62: S.53.

haltet die Verpflichtung zum Handeln, welche mit dem Anspruchssinn der konkreten Wirklichkeit übereinstimmt. Das Gewissen ist nach Schäfer ein empfindsames »Organ« unseres Selbst. Es setzt Urteilsvermögen voraus und zeigt an, wozu wir verpflichtet sind. Es warnt uns vor Entscheidungen, die womöglich dem Anspruchssinn der Wirklichkeit nicht entsprechen.

Schäfer schreibt, dass wir uns bemühen, das verpflichtende Handlungsempfinden mit Hilfe unseres theoretischen Bewusstseins und unseres Verstandes in ein verpflichtendes Handlungsbewusstsein zu transformieren.

„Der Prozess der Gewissensbildung hat sein Fundament in dem verpflichtenden Handlungsempfinden, entwickelt sich weiter zum verpflichtenden Handlungsbewusstsein, wobei das verpflichtende Handlungsempfinden mitsamt seinen sinnlich konkreten Vorstellungen und Bildern zum Inhalt des verpflichtenden Handlungsempfindens wird."[19]

Dies ist ein sehr schwieriger Prozess, weil das Gewissen aus Tiefen lebt, die uns zum Teil unbewusst sind. Danach ist das Gewissen Handlungsbewusstsein, das Gegebenes reflektiert, der Proflexion folgt und das an der Grenze des theoretischen Wissens zum Bereich der vorausgesetzten Wirklichkeit das Gegebene in Aufgegebenheit verwandelt. Das Positiv-Allgemeine hat demnach sein Sein auch im proflexiven Bezug, der zwischen der vorausgesetzten konkreten Wirklichkeit und dem sich entwickelnden Gewissen als dem verpflichtenden Handlungsbewusstsein angesiedelt ist.

Fragen wir mit Schäfer reflexiv nach dem Sinn des Wissens, so zeigt sich, dass den wissenschaftlichen Theorien als Theorien kein Bildungssinn zukommen kann, wenn davon ausgegangen wird, dass Bildungssinn stets Handlungssinn ist. Im Bezugsrahmen von Theorien kann nicht gehandelt werden. „Handlungen sind nur möglich im Bereich der verbesonderten Ordnung der Dinge und Mitmenschen, also im Bereich der vorausgesetz-

---

[19] ebenda, S.55f.

ten unmittelbar gemeinten und konkreten Wirklichkeit."[20] Ausgehend vom Handlungskontext der vorausgesetzten konkreten Wirklichkeit, sind die Kennzeichen der theoretisch-wissenschaftlichen Zusammenhänge tatsächlich „Gleichgültigkeit, Einfachheit und Negativität"[21]. Wird aber die Grenze von der Theorie zur vorausgesetzten Wirklichkeit proflexiv überschritten, und wird nach der Handlungsrelevanz der wissenschaftlichen Theorien gefragt, dann wird die lebendige Kraft wissenschaftlicher Theorien sichtbar. Der Bildungssinn wissenschaftlicher Theorien wird deutlich und der positive und komplexe Anspruchssinn leuchtet auf.

Der Begriff der Proflexion

Der Begriff der Proflexion ist sehr interessant, er ist jedoch schwer zu fassen. Es ist schwierig, ihn mit eigenen Worten zu beschreiben, weshalb ich mich eng an die Texte halte mit denen ich gearbeitet habe. Doch was bedeutet der Begriff der Proflexion überhaupt? Wie ist er in Franz Fischers Philosophie eingeordnet? Fasst Fischer ihn ebenso weit wie den Begriff des Gewissens? Ist nicht nur die Begegnung zweier gemeint, sonder umfasst er auch gesellschaftliche Bezüge?

1. Was ist Proflexion?

Franz Fischer bricht die Arbeit an seiner Habilitation über die *Darstellung der Bildungskategorien im System der Wissenschaften*[22] 1960 ab. Stattdessen wendet er sich der Proflexion und Reflexion zu, einer sich grundlegend aus dem Primat praktischer Vernunft verstehenden *Logik der Menschlichkeit*. Fischer will zeigen, dass das philosophische Befragen unseres Menschseins nicht nur eine theoretische Spielerei ist, sondern dass mit ihm unser Menschsein selbst auch praktisch auf dem Spiele steht. Eine Habilitation mit diesen Studien wird ihm verwehrt. Deshalb kehrt Fischer der Universität Bonn den Rücken und arbeitet bis zu seinem Tode 1970 in immer neuen und ausgreifenderen Entwürfen an diesem Projekt weiter.

---

[20] ebenda, S.56.
[21] ebenda.
[22] Franz Fischer, Darstellung der Bildungskategorien im System der Wissenschaften, hrsg. v. D. Benner & W. Schmied-Kowarzik, Kastellaun 1975.

Mit Proflexion und Reflexion stellt Franz Fischer, an Martin Buber anknüpfend, zwei Grenzfälle der *Logik der Menschlichkeit* in ihren sich ausschließenden Grundhaltungen und in ihren entgegengesetzten Folgen vor. Ausgegangen wird von zwei unterschiedlichen Weisen, in denen der Mensch nach seinem Menschsein fragt: zuerst reflexiv und theoretisch auf das immer schon Gegebene seines Menschseins zurück und dann zweitens proflexiv und praktisch auf das fortwährend Aufgegebene seines Menschseins voraus. „Daraus ergeben sich dann auch zwei unterschiedliche Weisen, in denen das Selbst sich und den Anderen sowie mit dem Anderen zu den noch ausstehenden Aufgaben des Menschseins findet."[23] Fischer spielt in diesen beiden Wendungen des Befragens des Menschseins gedanklich zwei extrem sich entgegenstehende Weisen der Logik der Menschlichkeit, die Grenzfälle der Selbstbegegnung und der Begegnung des Anderen darstellen, durch.

> „[...] wobei der Grenzfall der Reflexion die Struktur der auf sich zurückbezogenen, in sich selbst verbleibenden Selbstbegründung expliziert, die in der Gestalt des absoluten Idealismus zu einer Logik der Entfremdung wird, während demgegenüber der Grenzfall der Proflexion die ganz von sich lassende Gestalt der Hinwendung zum Anderen darstellt, wie sie in der Nächstenliebe aus der jüdischen und christlichen Tradition offenbar wird."[24]

Franz Fischer bleibt nicht allein beim Verfolgen der beiden Wendungen der Proflexion und der Reflexion stehen, sondern schreibt sie zu einem Durchdenken ihrer Konsequenzen für die Gegenseitigkeit mitmenschlicher Beziehungen fort.

> „Das, was aus der Begegnung zweier Menschen im Gespräch, in der Liebe, in der Freundschaft, in der Ehe, ja in allen Formen mitmenschlicher Zuwendungen zu erwachsen vermag, versucht Fischer im jeweiligen Kontrast zum reflexiven Umlauf aus dem proflexiven »Gegenlauf« aufscheinen zu lassen."[25]

---

[23] Schmied-Kowarzik 1999, S.205.
[24] ebenda.
[25] ebenda.

Im Umlauf kehren wir, in dem Sinne, in dem Schmied-Kowarzik Franz Fischer versteht, in der Bewegung reflexiv dialektischen Begreifens über den Begriff des Anderen und seiner Welt zu uns selbst zurück (Hegels Bei-sich-Sein des absoluten Wissens), so wie auch der Andere über den Begriff von uns und unserer Welt zu sich zurückkehrt. Demgegenüber finden wir nach Schmied-Kowarzik in der Bewegung proflexiv dialogischen Zugehens auf den Anderen im Gegenlauf mit dem Zugehen des Anderen auf uns zu einer Gemeinsamkeit, die etwas Neues stiftet.

Darüber hinaus durchbricht Fischer in seinen letzten Arbeiten die bloße Ausrichtung auf die Ich-Du-Beziehung, wie sie auch bei Buber dominant ist. Er versucht, die Logik der Gegenseitigkeit auch auf die weiteren Perspektiven menschheitlicher Gemeinschaften hin zu bedenken. Zum einen durchdenkt Fischer hier die gegensätzlichen Beziehungsformen von Wir und Ihr einerseits auf das politische Zusammenleben einzelner Völker, bezogen auf die Perspektive eines Völkerbundes. Andererseits durchdenkt er die menschheitsgeschichtlichen Blickrichtungen zum einen auf die Gemeinschaft unserer Abkunft her, auf die wir uns zurückbeziehen, und zum anderen auf die Gemeinschaft unserer Nachkommenschaft hin, auf die wir uns vorausentwerfen.

„Auf alle diese Formen gesellschaftlicher Gegenseitigkeit bezogen, lässt sich kommentierend sagen, dass »Wir« in den heutigen Industrienationen aus ökonomischem Eigeninteresse auf Kosten des »Ihr« der Dritten Welt und ebenso des »Ihr« der eigenen Nachkommenschaft leben. Dem entgegen gilt es, Gemeinschaftsformen auf das »Ihr« der ausgebeuteten Völker und das »Ihr« der Nachkommenschaft zu entwerfen, deren Konturen Fischer in seiner proflexiven Logik der Menschlichkeit skizziert."[26]

2. Die Gottesfrage

Die Gottesfrage spielt in Fischers Philosophie durchgängig eine fundierende Rolle, sie muss hier noch einmal aufgegriffen werden. Franz Fischer lehnt es entschieden ab, Gott außerhalb der proflexiven Wechselstiftung des Menschentums an einen *dritten Ort* reflexiver Verdingli-

---

[26] ebenda, S.206.

chung zu setzen. Fischers Ansicht nach ereignet sich Gott vielmehr immer nur im sinnstiftenden Geschehen der Proflexion selbst. Einen Gedanken und eine Formulierung Bubers aufgreifend und radikalisierend, sagt Fischer in einem die Gedankenbewegungen von Proflexion und Reflexion durchbrechenden »Bekenntnis«:

> „Der von uns reine und von uns erfüllte Mensch stellt im von uns reinen Menschen Gott als Gott vor und gibt im von uns erfüllten Menschen den Menschen als Menschen wieder [...] Gott ist als Menschenvater das, was der Menschsohn ist, und der Menschensohn ist als Gottessohn das, was Gott ist."[27]

Nach Schmied-Kowarzik erhofft sich Franz Fischer von dieser proflexiv-gottgerichteten, mitmenschlichen Bewährung des Menschen die Überwindung jenes selbstbezogenen, reflexiven Denkens, das Auschwitz zuließ.

> „Insofern beabsichtigt Fischer mit seiner wiederholenden Gegenüberstellung der logischen Strukturen von Proflexion und Reflexion keineswegs, nur mögliche Grenzfälle des Menschseins darzulegen, dies wäre eine selbst wieder reflexive Lesart seines Versuchs, sondern er will uns vor eine Entscheidung stellen, will uns »nötigen« einzusehen, dass wir selbst unausweichlich vor die Entscheidung für oder gegen den Anderen gestellt sind."[28]

Schluss

Hier konnte nur ein sehr kleiner Ausschnitt aus der Philosophie Franz Fischers dargestellt werden. Ich habe die Begriffe des Gewissens und der Proflexion ausgewählt, da sie meiner Ansicht nach zwei der wichtigsten Begriffe seiner Theorien darstellen.

Sehr interessant fand ich, wie Franz Fischer die Verantwortung, die aus der Aufgegebenheit im Menschsein erwächst, dargestellt und herausgehoben hat. Es ist wichtig, dass man sich dieser bewusst ist und entspre-

---

[27] Franz Fischer, Über die Geometrie der Wendung (Proflexion und Reflexion), in: Fischer 1985, S.465-474: S.473.
[28] Schmied-Kowarzik 1999, S.206.

chend handelt, anderen und auch der Natur gegenüber. Das Gewissen ist die Instanz in uns, die uns beim richtigen Handeln hilft. Dieser Bezug zum konkreten Handeln in bestimmten Situationen ist in Franz Fischers Schriften besonders hervorzuheben. Er hat den Anspruch, nicht nur einzelne anzusprechen, seine Begriffe müssen auch im gesellschaftlichen Rahmen umsetzbar sein. Ebenfalls hervorzuheben ist die Achtung des Zöglings in der Erziehung. Sie erwächst daraus, dass er den Zögling als Person anerkennt. Erziehung ist seiner Ansicht nach immer zuerst Aufforderung zur Selbsttätigkeit. Auch hebt er die Verantwortung heraus, die dem Erzieher obliegt, Gewissenserziehung ist selbst im Gewissen des Erziehers verankert.

Auch der Aspekt der Proflexion sollte am Schluss noch einmal erwähnt werden. Er ist der zentrale Begriff im Denken von Franz Fischer. Nicht nur das Zurückblicken der Reflexion ist Franz Fischer ein Anliegen, sondern auch das Vorausgreifen der Proflexion aufgrund der Aufgegebenheit im Menschsein.

Obwohl es an vielen Stellen schwierig war, Franz Fischers Theorien zu verstehen, war die Auseinandersetzung mit ihm sehr interessant und bereichernd. Es ist wichtig, nicht gleich aufzugeben, wenn etwas schwer zu verstehen ist, im Gegenteil, die Beschäftigung damit, über Widerstände hinweg, ist besonders lobenswert.

Franz Fischers Schriften
»Bildungsnot« und »Friedensforschung«

Iwa Juschak

Einleitung

Krieg und Frieden. Es gibt wohl kein Thema, welches den Menschen seit Anbeginn der Geschichte mehr beschäftigt. Seit jeher führen Menschen aus verschiedenen Beweggründen Kriege. Kein anderes Lebewesen auf Erden ist wohl bereit, sich in diesem Maße zu bekämpfen und zu verbrüdern, wie der Mensch. Krieg und Frieden sind menschlich. Krieg und Frieden ziehen sich durch alle Bereiche der Kultur. Große Heldenepen wurden geschrieben, Schlachtverläufe analysiert, großformatige Bilder geschaffen, welche Kriege dokumentieren. Krieg und Frieden – dieses Thema ist nicht begrenzt auf Politdiskussionen. Es macht nicht halt vor Künstlern, Schriftstellern, Theologen, Philosophen. Krieg und Frieden – ein Thema, welches jeden Menschen, jede Altersklasse, jede Gesellschaft betrifft und bewegt.

Im gleichen Maße wie Kriege dokumentiert wurden, beschäftigte die Menschen ihr *Sinn*. Der Erhalt des Friedens kristallisierte sich im Laufe der Zeit als größtes und wichtigstes Ziel der menschlichen Geschichte heraus. Gerade in Nachkriegszeiten wird die Wichtigkeit des Friedens besonders stark empfunden, die Frage nach dem Sinn von Kriegen thematisiert. Heutzutage ist sich jeder Mensch der Grausamkeit von Kriegen bewusst. Doch finden überall auf der Welt weiterhin bewaffnete Auseinandersetzungen statt. Die Frage nach dem Weg zum Frieden und seinem Erhalt bildet einen der großen Diskussionspunkte heutiger Debatten. Und auch ich möchte mich diesem Thema widmen und auf der Grundlage Franz Fischers Abhandlung über die *Friedensforschung*[1], eine Arbeit über den Weg zum Erhalt des Friedens verfassen.

---

[1] in: Franz Fischer, Proflexion. Logik der Menschlichkeit. Späte Schriften und letzte Entwürfe 1960 - 1970, Werkausgabe Bd. IV, hrsg. v. M. Benedikt & W. W. Priglinger, Wien 1985, S.591-595.

Zwanzig Jahre nach Beginn des Ersten Weltkrieges sprach Dietrich Bonhoeffer (1906-1945), in seiner Friedenspredigt während einer ökumenischen Konferenz in Fanö am 28. August 1934 über das Zusammenwirken menschlicher Charaktereigenschaften mit dem Krieg. In seiner Predigt hieß es:

> „Wie wird Friede? Durch ein System von politischen Verträgen? Durch Investierung internationalen Kapitals in den verschiedenen Ländern? D.h. durch die Großbanken, durch das Geld? Oder gar durch eine allseitige friedliche Aufrüstung zum Zweck der Sicherstellung des Friedens? Nein, durch dies alles aus dem einen Grunde nicht, weil hier überall Friede und Sicherheit verwechselt wird. Es gibt keinen Weg zum Frieden auf dem Weg der Sicherheit. Denn Friede muss gewagt werden, ist das eine große Wagnis, und lässt sich nie und nimmer sichern. Friede ist das Gegenteil von Sicherung. Sicherheiten fordern heißt Misstrauen haben, und dieses Misstrauen gebiert wiederum Krieg [...]."[2]

Gut dreißig Jahre später nimmt Franz Fischer diesen Gedanken auf und schreibt eine Abhandlung, welche den Titel *Friedensforschung* trägt. Auch sein Text wird als Kerngedanken den Wunsch nach Beseitigung des Misstrauens zwischen den Menschen beinhalten. Diesem Text möchte ich jedoch eine andere Abhandlung Fischers voranstellen – einen Aufsatz, der sich mit dem Verhältnis zwischen Lehrern und Lernenden befasst, und den Titel *Bildungsnot* trägt.[3]

Wenn auch der Zusammenhang beider Texte aus den Überschriften nicht ersichtlich scheint, arbeiten sie doch eng zusammen. Die Schrift über die *Bildungsnot* stellt die Grundlage für die *Friedensforschung* dar. Gedanken, die sich im Text über die *Bildungsnot* noch auf das spezielle Verhältnis zwischen Lehrern und Lernenden beziehen, eröffnen dem Leser in der *Friedensforschung* eine größere Dimension. Die Beziehung zwischen Lehrer und Lernendem wird hier auf die Ebene der Beziehung zwischen allen Menschen gehoben, auf ihr Zusammenwirken zum Erhalt des Friedens.

---

[2] www.dadalos-d.org.
[3] in: Fischer 1985, S.597-599

Die Bildungsnot

Franz Fischer verfasste seine Abhandlung über die Bildungsnot in den sechziger Jahren. Diese Zeit markierte einen Wandel auf dem Gebiet der Pädagogik. Starre, durch Autorität geprägte Lehrer-Lernender-Verhältnisse wurden zunehmend kritisiert. Es galt, die pädagogische Beziehung neu zu denken. In diesem Sinne spricht Franz Fischer gleich zu Anfang seiner Abhandlung von einer partnerschaftlichen Beziehung, einer „Partnerschaft derer, die miteinander den Weg der Wissenschaft gehen"[4]. Gemeint sind Dozenten und Studenten, ebenso wie Lehrer und Schüler. Es sind nicht nur die Lernenden, welche lernen, es sind nicht nur Dozenten, welche lehren.

Studenten lernen von ihren Dozenten im gleichen Maße, wie die Dozenten von ihren Studenten lernen. Diese Beziehung funktioniert nur durch das „Bildungsgespräch"[5], d.h. durch Diskussion, durch Austausch. Der Dozent darf sich nicht, wie es noch in den fünfziger Jahren praktiziert wurde, als alleiniger Wissensvermittler verstehen, darf sich nicht verschließen vor den Gedanken und Meinungen seiner Lernenden: „Im Bildungsgespräch ergänzen die Lehrenden die Antworten der Lernenden durch ihre Fragen und lernen aus deren Antworten."[6] Die Lernenden wiederum „ergänzen die Fragen der Lehrenden durch ihre Antworten [...]"[7]. Somit findet auf beiden Seiten ein Lern- und Lehrprozess statt.

An dieser Stelle bringt Fischer eine Vokabel ein, die sich wie ein roter Faden durch den Text der *Bildungsnot*, wie auch später durch den Aufsatz über die *Friedensforschung*, ziehen wird. Im »Bildungsgespräch« muss eine „Wechselseitigkeit"[8] stattfinden. Die Lehrer bringen hierbei ihre „ältere Erfahrungskraft"[9] mit ein, die Lernenden hingegen besitzen „neuere Erfahrungskraft"[10], die Kraft der Jugend, den Elan und neue Denkansätze. Nur im Gespräch, speziell im »Bildungsgespräch«, ist ein

---

[4] ebenda, S.597.
[5] ebenda.
[6] ebenda.
[7] ebenda, S.597f.
[8] ebenda, S.598.
[9] ebenda.
[10] ebenda.

Austausch beider Erfahrungskräfte möglich. Durch das »Bildungsgespräch« begegnen sich Lehrer und Lernende mit Respekt. Das strenge Rollenverhältnis von Autoritätsperson und Lernendem löst sich auf, es wandelt sich die „Rechtsordnung der Bildungspartner"[11] in eine „Bildungsgenossenschaft"[12]. Diese »Bildungsgenossenschaft« wiederum produziert eine Vielzahl theoretischer Erkenntnisse, welche im nächsten Schritt in die Praxis übergeleitet werden. Eine effiziente Produktivität gründet also nach Fischer auf der »Bildungsgenossenschaft«, auf dem partnerschaftlichen Miteinander von Lehrern und Lernenden. Indem sich die Lehrer auch den Bedürfnissen der Lernenden zuwenden, sich ihnen öffnen, kommt ein Austausch zustande, welcher die „Leistungsgabe"[13] erhöht: Die „Leistungsgabe erwertet sich in die Leistungsnahme"[14]. Für die Dozenten erhöht sich die Quantität des Stoffes durch die Fragen und Antworten der Lernenden. Für diese wiederum erhöht sich die Qualität des Stoffes durch die, auf der „älteren Erfahrungskraft"[15] der Lehrer gründenden, Antworten und Fragen.

Nur dieser Austausch ermöglicht »Wechselseitigkeit«. Und nur durch »Wechselseitigkeit« kommt – Fischers Gedanken resümierend – Fortschritt zustande: „Das Wahre von Gestern ist das Falsche von Heute und das Wahre von Heute ist das Falsche von Morgen"[16]. Nur der Austausch mit dem Gegenüber, mit dem Lehrer oder dem Lernenden, ermöglicht es, neue Gedanken aufzugreifen, zu neuen Erkenntnissen zu gelangen und veraltete Annahmen zu revidieren. So „erjüngt" sich im „Vorblick" ein „durchgehend Wahres", so „verjüngt sich" im „Rückblick" ein „durchgehend Falsches".[17]

An dieser Stelle möchte ich auf Fischers Spiel mit den Vorsilben *er-* und *ver-* hinweisen. Das Präfix *er-* steht immer im Zusammenhang mit dem Gewünschten, mit dem Positiven; *ver-* hingegen impliziert das Verneinende, das Negative, das Unerwünschte. Spricht Fischer also von dem,

---

[11] ebenda.
[12] ebenda.
[13] ebenda.
[14] ebenda.
[15] ebenda.
[16] ebenda.
[17] ebenda.

sich im »Vorblick« »erjüngenden« »Wahren«, so schließt dies eine Öffnung, hin zum Positiven, ein. Im »durchgehend Wahren« wird das „Falsche" zurückgedrängt und ausgeschlossen.[18] Franz Fischer bezeichnet dies als das „Kulturgesetz der Geltung"[19]. Jeder, der sich dem Neuen verschließt, der „das schon Falsche für noch wahr verklärt, verbietet dem Ursprung das Ziel, wer [...] das noch Wahre als schon falsch erklärt, erbietet dem Ursprung das Ziel [...] vom reflexiv Abstrakten zum proflexiv Konkreten".[20]

Ich erkläre mir dies folgendermaßen: Das »reflexiv Abstrakte« definiert sich in den neuen theoretischen Erkenntnissen, das »proflexiv Konkrete« offenbart sich in der praktischen Anwendung der Theorie. Ob der theoretische Gedanke des »Kulturgesetzes der Geltung« jedoch in die Praxis umsetzbar ist, bleibt fraglich, bedeutet er doch, dass eine Perfektion angestrebt wird, die *so* schwerlich zu erreichen sein wird. Es wird, auch im Austausch, immer wieder neue Irrtümer geben, und stets werden auch längst abgelegte, alte Ansichten wieder zu neuer Aktualität gelangen. Diese Gedankenfolge weiterzuführen, soll jedoch an dieser Stelle nicht unternommen werden.

Ich denke, Franz Fischers *Bildungsnot* ist ein Appell an alle Menschen, sich nicht vor den Meinungen und Ansichten anderer zu verschließen, sich ihnen zuzuwenden und mit ihnen zusammenzuarbeiten. Denn nur durch die Zusammenarbeit aller – und hier stimme ich Fischer zu – ist Fortschritt möglich. Nur wenn sich der Lehrer dem Lernenden nicht verschließt, auch seine Gedanken akzeptiert, um mit diesem weiter zu arbeiten, wird aus dem Lernenden ein selbständig denkender Mensch. Der Lehrer wirkt dadurch als Vorbild. Durch die Zusammenarbeit mit dem Lernenden lehrt er ihn, kontroverse Meinungen zu respektieren, fortschrittlich zu denken und zu wirken.

---

[18] ebenda.
[19] ebenda.
[20] ebenda.

Friedensforschung

Ich möchte nun auf die zweite hier zu behandelnde Abhandlung Fischers eingehen. Nach Fischer sind drei Bedingungen zum Frieden ausschlaggebend: die „Bereitschaft zum Frieden", die „Bereitschaft zur Überwindung von Vorurteilen" und die „Wechselseitigkeit".[21]

Die »Wechselseitigkeit« wird zugelassen durch eine „von sich reine, offene Grenze"[22], eine Grenze also, die nicht undurchschaubar, undurchdringlich und geschlossen ist. Eine Grenze, die weder einsperrt, noch abschottet, die einen Blick hin zum Gegenüber ermöglicht. „Der Frieden ruht auf der Wechselseitigkeit, in der wir aus uns in dem ersind, der aus sich in uns erist."[23] Eine Grenze, welche nicht der Abgrenzung und dem Schutze dient, bildet die Basis für die Hinwendung zum Anderen.

Ich möchte versuchen, diesen Gedanken in einem Beispiel zu veranschaulichen: Zwei Menschen verschiedener Kulturen begegnen sich. Zwischen ihnen ist eine Grenze. Diese Grenze symbolisiert die Verschiedenheit beider Kulturen. Ist die Grenze vollständig geschlossen, kann kein Austausch stattfinden. Dieser Zustand würde »Wechselseitigkeit«. nicht zulassen. Jeder der beiden Menschen würde für sich und in sich bleiben. Diese Abschottung vom Anderen, vom vermeintlich Fremden, wäre der Boden, auf dem Vorurteile gedeihen könnten. Angst vor dem Gegenüber und erneute/verstärkte Abgrenzung wären mögliche Folgen.

Ich erinnere an mein anfangs angeführtes Zitat von Dietrich Bonhoeffer: »Friede ist das Gegenteil von Sicherung. Sicherheiten fordern heißt Misstrauen haben, und dieses Misstrauen gebiert wiederum Krieg«. Es gilt nach Bonhoeffer und Fischer also nicht, die Abgrenzung und Sicherung vom anderen zu begünstigen, sondern das Sich-Öffnen, die Kommunikation, das Zulassen von »Wechselseitigkeit« zu fördern, die Grenzen durchlässig werden zu lassen. Diese Offenheit, die Durchlässigkeit der Grenzen wird auch in diesem Fischerschen Text durch das Spiel mit den Vorsilben -*er* und -*ver* symbolisiert: „[...] Wechselseitigkeit, in der wir

---

[21] Friedensforschung, S.591.
[22] ebenda.
[23] ebenda.

aus uns in dem *er*sind, der aus sich in uns *er*ist."²⁴ Das Präfix „-er" impliziert hier das Offene. Ihm gegenüber steht das Geschlossene, das Verneinende, das Ablehnende, im Text mit dem Präfix „-ver" gekennzeichnet. „Der Krieg basiert auf der Verneinung der Wechselseitigkeit, in der wir aus dem in uns *ver*sind, der aus uns in sich *ver*ist [Hervorhebung, I.J.]."²⁵ Wir verschließen uns der »Wechselseitigkeit« mit dem Gegenüber, mit dem Fremden, ziehen uns in uns zurück und verlieren oder verweigern jeden Kontakt mit dem Anderen. Friedensbereitschaft ist Verhandlungsbereitschaft. Der Wille zum Frieden ist der Grundstein für die Bereitschaft, sich mit dem Gegenüber auseinanderzusetzen, also »Wechselseitigkeit« und Austausch zuzulassen.

Im nächsten Schritt geht Fischer der Frage nach, warum wir den Austausch suchen oder welche Gründe es für dessen Verweigerung gibt. „Der Zusammenhang zwischen Abkunftsursprung und Zukunftsziel"²⁶ ist hierbei für ihn ausschlaggebend. Ich möchte versuchen, diese beiden Begriffe zu erläutern. Der »Abkunftsursprung« bezeichnet unsere Abstammung, unsere Herkunft, und damit auch unsere Prägung, unser Wissen und unsere Überzeugungen. Im »Zukunftsziel« sehe ich das, was wir aus unserem Wissen und aus unseren Erfahrungen machen, wie wir es bzw. sie nutzen, verarbeiten, vielleicht auch die Erwartungen, die wir mit unserem Wissen an die Zukunft stellen. Vergleicht man nun beispielsweise zwei Kulturen miteinander, so wird man feststellen, dass sie sich nicht nur im »Abkunftsursprung«, sondern auch im »Zukunftsziel« unterscheiden. Um den Frieden zu erhalten, ist es demnach Bedingung, dass wir diese verschiedenen Überzeugungen und Ziele miteinander ver- und abgleichen: „Der Frieden gründet in der Gemeinsamkeit der Überzeugungen."²⁷ Das Gegensätzliche in den Auffassungen muss überwunden werden. Dabei ist es sinnvoll, die Gleichheit aller Menschen zu betonen, ohne jedoch die Unterschiedlichkeit der Kulturen zu verleugnen.

Es muss also ein Austausch stattfinden. Es muss sich »Wechselseitigkeit« ergeben, die in der ursprünglichen Gleichheit aller Menschen grün-

---

[24] ebenda.
[25] ebenda.
[26] ebenda.
[27] ebenda.

det. Gegensätzlichkeiten müssen überwunden werden: „Darin sind wir gegen uns für den, der gegen sich für uns ist."²⁸ Es gilt also, seinen eigenen Standpunkt zu verlassen (»gegen uns«) und den des anderen anzunehmen, der dasselbe auch »gegen sich« für uns tut. Gemeint ist hierbei nicht die völlige Selbstaufgabe der eigenen Überzeugung, die unweigerlich zur Stagnation führen würde, sondern der Austausch von Erkenntnissen.

An dieser Stelle sei auf den anfangs interpretierten Text der *Bildungsnot* verwiesen. Auch in diesem Text dominiert der Gedanke der »Wechselseitigkeit« und des Austausches. Hier schreibt Fischer von der allmählichen Zurückdrängung des »durchgehend Falschen«, und der »Erjüngung des durchgehend Wahren«. Fischer definiert dies als das »Kulturgesetz der Geltung«. Wer sich gegen dieses Gesetz stellt, neue, wahre Erkenntnisse nicht annimmt, „verbietet dem Ursprung das Ziel"²⁹. Auf den Text der *Friedensforschung* bezogen meint dies: wer sich dem Austausch von Erkenntnissen verweigert, wer diese ablehnt oder gar verleugnet, stellt sich gegen das Ziel der Friedenserhaltung. In der „Verneinung der Wechselseitigkeit" sind wir „[...] gegen den für uns, der gegen uns für sich ist"³⁰. Ohne Frage zeugt diese Einstellung von Egoismus. Folglich ist es notwendig, selbstlos zu denken und zu handeln, um das Ziel der Friedenserhaltung zu erreichen.

> „[...] inwiefern erwandelt sich die Richtung des Triebes des Individuums wie der Generation, wie der Gattung [...] vom Ich zum Du, vom Wir zum Ihr [...]"³¹?

Die Frage ist, ob und wie die Menschen die individuellen mit den gesellschaftlichen Zielen in Einklang bringen? Wie wandelt sich das Verhalten des Individuums vom egoistischen Ich zum gemeinschaftlichen Wir? Zum Krieg führen das Festhalten an Irrtümern und die Ablehnung von Erkenntnissen anderer. Hält jeder seine Erkenntnis, sei sie auch noch so falsch, für die Wahre und Richtige und versucht, diese mit Gewalt zu ver-

---

[28] ebenda.
[29] Bildungsnot, S.598.
[30] Friedensforschung, S.591.
[31] ebenda, S.591f.

teidigen, findet keine Entwicklung statt: „Die Erfahrung des durch einander Bestehens muss zunehmen."[32] Es ist notwendig, dass die Menschen ihre gegenseitige Abhängigkeit, zum Beispiel auf wirtschaftlicher Ebene, erkennen und akzeptieren. Wirtschaftliche Beziehungen müssen sich entfalten. Diese wirtschaftlichen Beziehungen „beruhen auf entweder dem gegenseitigen Nehmen oder dem gegenseitigen Geben."[33]

Ich frage aber: Reicht das alleinige Wissen um die Abhängigkeit voneinander aus, um ein ausgeglichenes und gerechtes Geben und Nehmen zu fördern? Verhält es sich denn nicht vielmehr so, dass Kriege in vielen Fällen gerade durch das Wissen um die Abhängigkeit genährt werden? Diese Fragen könnten die Grundlage für eine Diskussion sein, die sich jedoch an dieser Stelle zu weit vom Thema entfernen würde.

Um Frieden zu schaffen und zu erhalten, sind – zusammenfassend – folgende Aspekte ausschlaggebend: Unter der Voraussetzung der Bereitschaft zum Frieden muss »Wechselseitigkeit« und der Austausch von Erkenntnissen stattfinden. Dies ist nur möglich, wenn eben jene Erkenntnisse offen gelegt und diskutiert werden. Hierzu gilt es, die Grenzen durchlässig zu machen und den eigenen Standpunkt nicht zwingend zu verteidigen. Wichtig ist die Motivation zum Frieden gegen den Krieg. Frieden zur „allseitigen Zufriedenheit"[34], an der alle Menschen als gemeinschaftliches Wir arbeiten. Auf der anderen Seite muss der Krieg abschreckend wirken. Der Motivation zum Frieden steht dann eine Demotivation zum Krieg gegenüber.[35]

Leider muss man feststellen, dass Kriege zwar abschreckende Bilder liefern (z.B. in der Kriegsberichterstattung), und auch das Schlechte des Krieges das Bewusstsein der Menschen beherrscht. Doch frage ich, wie es mit dem Unterbewusstsein aussieht? In der Friedensbewegung gibt es den Ausspruch: *Stellt euch vor, es ist Krieg und keiner geht hin.* Wenn niemand den Krieg wollte, die Abschreckung so wirksam wäre, dass niemand mehr eine Waffe in die Hand nehmen würde, um einen vermeintli-

---

[32] ebenda, S.592.
[33] ebenda.
[34] ebenda, S.593.
[35] ebenda, S.592.

chen Feind zu bekämpfen, dann gäbe es (vielleicht) keine Kriege mehr. Doch Kriege gibt es noch immer. Nicht zuletzt, weil noch immer vom Heldentod gesprochen wird, wenn Soldaten sterben, weil noch immer die Gier nach Siegen und Heldentum existiert. Die Motivation zum Frieden ist noch nicht stark genug, die Motivation zum Krieg noch nicht beseitigt. Selbstverständlich darf man dabei nicht die anderen, vor allem wirtschaftlichen Aspekte, die Kriege verursachen, außer Acht lassen. Nach Fischer „handeln wir aus Motivationen, die unserer ökonomischen Struktur entsprechen"[36]. Wir handeln als „Lebewesen"[37]. Ohne die Sicherung der eigenen Wirtschaft kann kein Lebewesen auf Dauer überleben. Und so handelt der Mensch natürlich in erster Linie zu seinem eigenen Vorteil, dabei oft genug auf Kosten anderer Menschen, anderer Völker. Die Polarität zwischen den Völkern, bezogen auf Kultur und Wirtschaft, ist nicht von der Hand zu weisen. Nach Fischer gilt es nun, diese Gegensätzlichkeiten zu überwinden: „Wo die Polarität nur im Untergang von Selben zum Gleichen geschieht, dort besteht Kriegsgefahr."[38] Das »Selbe« ist hier, nach Fischer, zu verstehen als das „wechselseitige ergänzende Fremde", das »Gleiche« als das „trennende Eigene".[39]

Ich verstehe Fischer so: Im »Gleichen« ist zwar eine Ähnlichkeit vorhanden, die Betonung dieser Ähnlichkeit jedoch definiert letztendlich die Unterschiedlichkeit und impliziert eine Trennung, eine Grenze. Spricht man vom »Selben« wird diese Grenze geöffnet. Im »Selben« existiert kein dominierender Unterschied.

Meiner Meinung nach zeigt Fischer mit der Unterscheidung zwischen dem »Selben« und dem »Gleichen«, dass es nicht ausreicht, sich anzunähern und von Ähnlichkeiten zu sprechen, mit dem letztendlichen Ziel, die Unterschiede weiter bestehen zu lassen und auf Verschiedenheit zu beharren. Einigkeit, also »eins werden« hat demnach oberste Priorität – „vom Du zum Ich, vom Ich zum Du [...]"[40].

---

[36] ebenda.
[37] ebenda.
[38] ebenda, S.593.
[39] ebenda.
[40] ebenda, S.591.

Überdies darf man sich nicht in Nebensächlichkeiten verlieren. Und der Unterschied ist meist Nebensache, der all zu oft als Grund für die Errichtung und Schließung von Grenzen missbraucht wird. Das eigentliche Ziel, nämlich das friedliche Miteinander der Menschen (Fischer spricht von der »allseitigen Zufriedenheit«), kann nicht erreicht werden, wenn man sich mit Nebensächlichkeiten, also mit der Betonung von Gegensätzlichkeiten aufhält. Fischer schreibt weiter von der „peripheren" und der „zentralen Gesellung"[41]. »Periphere Gesellung«, auch „Fremdnamentlichung", bedeutet die „Zuwertung des anderen vom Abstrakten zum Konkreten"[42].

»Abstrakt« heißt theoretisch, ohne unmittelbaren Bezug zur Realität. Ist etwas abstrakt, so wird es oft als befremdlich wahrgenommen. Ich denke hierbei an abstrakte Vorstellungen, die wir uns von unseren Mitmenschen oder anderen, fremden, Kulturen machen. Je abstrakter das Bild ist, oder die Vorstellung, desto mehr Raum bietet es bzw. sie für Interpretationen. Diese können eine positive Richtung einschlagen, oft genug aber greifen sie das Negative auf. Ich spreche hierbei konkret von Vorurteilen, die aus Befremden und Unwissen entstehen, Misstrauen und Abwehrreaktionen hervorrufen. Die »Zuwertung des anderen vom Abstrakten zum Konkreten« beinhaltet das sich Einlassen auf das Gegenüber, auf das Fremde, so dass sich im abstrakten Bild reale Linien abzeichnen, dass es vertraut wird und einen (positiven) Wert bekommt. Dies wird erreicht durch »Wechselseitigkeit«. »Erneuung« und Fortschritt sind dann möglich.

Der Gegensatz zur »Fremdnamentlichung« zeigt sich in der „Eigennamentlichung", in der »zentralen Gesellung«. „Verneinung der Wechselseitigkeit" hat die „Abwertung des anderen vom Konkreten zum Abstrakten" zur Folge.[43] Auch hier geht es um Vorurteile. Vorurteile, die aus dem Abstrahieren des Konkreten entstehen. Dieser Mechanismus findet seine Anwendung oft in der Kriegspolitik. Im Nationalsozialismus sprach man zum Beispiel von *dem* Juden. Und auch heutzutage hört man, gerade aus

---

[41] ebenda, S.593.
[42] ebenda.
[43] ebenda.

rechtsgerichteten Gruppierungen, von *dem* Ausländer, dem die Schuld für alles Unglück aufgebürdet wird. Es ist leichter, gegen einen Feind zu kämpfen, der kein Gesicht hat, der nur als Karikatur, als Abstraktion in der Vorstellung existiert.

Fischer schreibt von der „Ersellung im Beiderseitigen des Fremden" und der „Versellung im Beiderseitigen des Eigenen".[44] Der erste Fall impliziert die »Wechselseitigkeit«, mit der man sich auf den anderen einlässt, sich in das vermeintlich Fremde einfühlt und es annimmt als sein Eigenes. So findet eine »Ersellung«, ein Miteinander zur »allseitigen Zufriedenheit« statt. Im zweiten Fall handelt es sich um die „Verneinung der Wechselseitigkeit", in der man nur sich wertet und seine eigenen Erkenntnisse akzeptiert. Man selbst ist dann Zentrum seiner selbst. Das Andere hat keinen Platz mehr, wird ausgegrenzt und abgewiesen. Es muss also, nach Fischer, eine »Zuwendung« zum Anderen stattfinden. Dabei ist zu beachten, dass eine „einseitige Zuwendung minderen Grades eben eine einseitige Zuwendung minderen Grades zur Seite hat", eine „einseitige Zuwendung hohen Grades zur einseitigen Abwendung hohen Grades" führen kam.[45]

Wenn ich Franz Fischer richtig verstehe, spricht er hier von der Gefahr des Scheins und der Täuschung. Wenn etwas für Liebe gehalten wird, das im Grunde nur eine Gemeinschaft des Hasses ist, lässt sich von Täuschung sprechen. Wenn sich also mehrere Menschen (oder Völker) zusammenschließen, und dies nicht aus Motiven der Zuneigung füreinander tun, sondern um die gemeinschaftliche Macht für den Kampf gegen einen anderen Menschen (ein anderes Volk) zu nutzen, ist die Gemeinschaft eine Gemeinschaft des Hasses.

Fazit

„Der Frieden ist dann erreicht, wenn allseitige Zufriedenheit erreicht ist."[46] Diese Zufriedenheit lässt sich, nach Fischer, nur durch das Zulassen von »Wechselseitigkeit« ermöglichen. Der Gedanke der »Wechselsei-

---

[44] ebenda.
[45] ebenda, S.594.
[46] ebenda.

tigkeit« muss die Grundlage für alle Bereiche menschlichen Miteinanders sein. »Wechselseitigkeit« zwischen einzelnen Menschen, zwischen Gruppen und Völkern. »Wechselseitigkeit« verstanden als Mentalität eines jeden Menschen, bezogen auf innere Einstellungen und ökonomische Strukturen. Franz Fischer löst mit seinen Texten sicherlich kein Rätsel der Menschheit. Der Gedanke der Einigkeit ist nicht neu. Und doch scheint er von großer Aktualität zu sein. Fischer erfindet kein Geheimrezept für den Weltfrieden. Ich verstehe seine Texte, seine Botschaft, als Mahnung, als Erinnerung an die Menschen, sich wieder zu öffnen, den Blick auf das Andere nicht zu verschließen, auf einander zuzugehen und die Kommunikation, das Miteinander, zu suchen. Fischer fordert die Gemeinsamkeit, die Zusammenarbeit aller, basierend auf der Urgleichheit der Menschen.

Der Begriff der »Wechselseitigkeit« zieht sich dabei wie ein roter Faden durch Fischers Abhandlungen, mehr noch, er ist leitend, übernimmt die Führung oder ist Grundlage. Jeder neue Gedanke basiert auf der »Wechselseitigkeit« und gipfelt wieder in ihr. Fischer spricht damit zu jedem einzelnen Menschen, aber auch zu ganzen Völkern. So einleuchtend und dabei altbekannt seine Gedanken auch anmuten mögen, sie haben Präsenz, sind Grundbausteine für ein positives Zusammenwirken aller Menschen im allumfassenden Miteinander.

Fischers Wiener Studienzeit.
Anregungen zur studentischen Rezeption

Jan Proporowitz

In dem einführenden Referat wurde durch Herrn Thomas Altfelix die Notwendigkeit einer Fischerrezeption deutlich aufgezeigt. Die größten Rezeptionsschwierigkeiten scheinen – spätestens nach dem Referat von Herrn Altfelix[1] – nicht mehr in der fehlenden Einsicht in die Notwendigkeit einer Rezeption überhaupt zu liegen. Dafür aber liegen sie auch in der Konfrontation eines sehr voll angefüllten Stundenplans heutiger Studierender mit der äußerst zeitintensiven Annäherung an Fischersche Texte. Besonders groß scheinen die Probleme junger Lehramts- oder Pädagogikstudenten zu sein. Das liegt nicht etwa an dem vergleichsweise größeren Stundenplan dieser Studentengruppen, sondern daran, dass sie sich dem Gedankengut Fischers quasi von der falschen Seite nähern: der pädagogischen. Franz Fischer war aber in erster Linie Philosoph. Dass er seine philosophischen Ergebnisse teilweise auch in die Pädagogik übertragen hat, legt zwar den Versuch nahe, sich ihm von der pädagogischen Seite zu nähern. Das Unterfangen entpuppt sich aber ziemlich bald als nahezu aussichtslos, denn es ist noch schwieriger, die pädagogischen Überlegungen zu verstehen, wenn man die philosophischen Ergebnisse nicht im Hinterkopf hat. Das Bedürfnis nach einem Schlüssel, nach einem Zugang zu den Texten scheint immer größer. Und auch hier sollte man den Weg nicht bei einem späteren Text beginnen, sondern bewusst zum Anfang zurückschreiten und sich zunächst mit jenen Texten beschäftigen, die in der Wiener Studienzeit entstanden.

Unter der Leitung des Philosophen Erich Heintel bildete sich an der Wiener Universität der Heintel-Kreis, eine Gruppe junger Studenten, die sich in geselliger abendlicher Runde trafen und beim Wein fundamentalphilosophische Probleme diskutierten.[2] Da sich die Seminare der Wiener

---

[1] siehe: Thomas Altfelix, Von der Notwendigkeit und der Schwierigkeit einer Rezeption der Bildungsphilosophie Franz Fischers, in diesem Band.
[2] Anne Fischer-Buck, Franz Fischer 1929-1970. Ein Leben für die Philosophie, Wien 1987, S.30.

Studienzeit Fischers zentral mit Hegels Phänomenologie, und hier besonders mit dem Vorwort, beschäftigt hatten, scheint mir dies ein geeigneter Weg zu sein, um über Hegel bzw. Fischers Hegel-Kritik etwas besser in das Denken Fischers hineinzufinden. Die Seminararbeit „*Die Substanz muß Subjekt werden*"[3] von 1952/53 kann als ein Ergebnis der Diskussionsabende und zugleich der Auseinandersetzung mit Hegels Vorwort verstanden werden. Die Beschäftigung mit jenem frühen Text bringt somit mehrere Vorteile mit sich. Zunächst ist es ein Text, zu dessen Verständnis man eigentlich nur eines gesunden, logisch denkenden Menschenverstandes und der Kenntnis von Hegels Vorrede bedarf. Dann ist der Text für Studenten insofern in besonderer Weise geeignet, als er ja selber ein studentischer Text ist. Man hat hier die Möglichkeit, ein wenig Wienerische Studentenluft der fünfziger Jahre zu schnuppern. Interessant ist hierbei, dass die Form der Seminare sich bis heute in den meisten geisteswissenschaftlichen Veranstaltungen nicht geändert hat. D.h., es werden bis heute gemeinsam Texte gelesen und besprochen. So lässt sich schon an diesem sehr frühen Text Fischers aufzeigen, wie logisch und zugleich komplex Fischers Gedankengänge sind und in welcher Art er sich mit Traditionen auseinandersetzt.

Formale Schwierigkeiten

1. Das Problem des fehlenden Apparats

Hätte Franz Fischer seine Seminararbeit heute geschrieben, sie wäre wahrscheinlich nicht einmal korrigiert worden. Was fehlt, ist der wissenschaftliche Apparat, die Verweise an die Anschlüsse, an denen er seine Gedanken ansetzt. Es fehlen Rechercheergebnisse zu seinem Thema, ein Literaturbericht, kurzum: der Forschungsstand, ohne den heute keine Arbeit mehr an einer Universität auskommt. Was als bloße Formalie zuweilen recht lästig klingen mag, hat durchaus seine Berechtigung. Bevor ich mich zu einem Thema äußere, bevor ich meine Ideen niederschreibe, muss ich zunächst einmal erkunden, wer sich bereits vor mir mit derselben Thematik beschäftigt hat und zu welchen Erkenntnissen man hier bisher gekommen ist.

---

[3] in: Franz Fischer: Die Philosophie des Sinnes von Sinn. Frühe philosophische Schriften und Entwürfe (1950 – 1956). 1. Bd. d. nachgel. Schriften, hrsg. und mit einer Einleitung versehen v. E. Heintel, Kastellaun 1980, S. 55-62.

Betrachten wir nun die Seminararbeit von Franz Fischer, so finden wir uns genau in dieser Problematik wieder. In der ganzen Arbeit ist nicht eine einzige Anmerkung zu finden. Gut, man könnte argumentieren, dass Fischer ja im zweiten Teil explizit auf Kant, Fichte und Hegel eingehe, alle drei säuberlich nacheinander abhandle und sogar mit Namen benenne. Aber eben nur mit dem Namen. Das Werk dieser Philosophen ist derart umfangreich, dass es wahrscheinlich erst einmal drei Semester für sich bedürfte, ehe man sich einigermaßen bei ihnen zu recht fände. Natürlich kommt Fischer uns entgegen und erklärt jedes Mal, welche Position jeweils wer vertrat. Nur wissen wir nicht in welcher Schrift, zu welchem Zeitpunkt seines Lebensverlaufs etc.. Das macht das Verstehen des Textes ungemein schwerer und viele gäben allein deswegen schon die Lektüre auf, weil sie aus ihr heraus nicht wüssten, wo sie sich gerade befänden. Wenn man aber junge Studenten für das Fischersche Gedankengut gewinnen möchte, so muss man sich immer diese Barrieren vor Augen halten, die man, einmal überwunden und über das Anfangsstadium hinausgewachsen, nur allzu gerne der Vergessenheit anheim stellt. Vielleicht ist es an der Zeit, einzelne, zentrale und besonders schwierige Texte in einer kommentierten Ausgabe herauszugeben. Denn hat man einmal einen Text im weitesten Sinne verstanden, dann fällt einem der Zugang zum nächsten bedeutend leichter, und bald belächelt man seine eigenen anfänglichen Probleme. Was nun die Seminararbeit betrifft, so mag man sich noch einmal ins Gedächtnis rufen, dass Fischer sich zu jener Zeit besonders intensiv mit Hegels Vorrede zur Phänomenologie auseinandergesetzt hatte. Gleich am Anfang dieser Vorrede lesen wir:

> „Eine Erklärung, wie sie einer Schrift in einer Vorrede nach der Gewohnheit vorausgeschickt wird – über den Zweck, den der Verfasser sich in ihr vorgesetzt, sowie über die Veranlassungen und das Verhältnis, worin er sie zu anderen früheren oder gleichzeitigen Behandlungen desselben Gegenstandes zu stehen glaubt –, scheint bei einer philosophischen Schrift nicht nur überflüssig, sondern um der Natur der Sache willen sogar unpassend und zweckwidrig zu sein. Denn wie und was von Philosophie in einer Vorrede zu sagen wäre (...), kann nicht für die Art

und Weise gelten, in der die philosophische Wahrheit darzustellen sei."4

Es scheint beinahe so, als hätte Fischer die einleitenden Sätze zum Prinzip erhoben. Wieso noch Rechtfertigung, wenn es doch der Natur der Sache »unpassend und zweckwidrig« ist. Aber Hegel weiß es auch zu begründen:

> „So wird auch durch die Bestimmung des Verhältnisses, das ein philosophisches Werk zu anderen Bestrebungen über denselben Gegenstand zu haben glaubt, ein fremdartiges Interesse hineingezogen und das, worauf es bei der Erkenntnis der Wahrheit ankommt, verdunkelt."5

Schließlich bringt er noch einen Vergleich aus der Pflanzenkunde und wird damit dialektisch:

> „Die Knospe verschwindet in dem Hervorbrechen der Blüte, und man könnte sagen, daß jene von dieser widerlegt wird; ebenso wird durch die Frucht für ein falsches Dasein der Blüte erklärt und als ihre Wahrheit tritt jene an die Stelle von dieser. Diese Formen unterscheiden sich nicht nur, sondern verdrängen sich auch als unverträglich miteinander."6

Wenn sich nun aber eine Schrift als Anschluss an einen Vorgänger versteht, wie kann dann von einem »fremdartigen Interesse« die Rede sein, wo doch gerade der Unterschied zum Anderen das Thema ausmacht? Und auch Hegel selbst bleibt sich da nicht treu. Im weiteren Verlauf der Vorrede nimmt auch er Stellung zu seinen Vorgängern und versucht sich in einer bedrückend abstrakten Art zu positionieren, wie wir noch sehen werden.

---

[4] Georg Wilhelm Friedrich Hegel, Phänomenologie des Geistes. (= Hegel. Werke: in 20 Bänden, auf der Grundlage der Werke von 1832 – 1845 neu editierten Ausgabe, Ausgabe in Schriftenreihe Suhrkamp-Taschenbuch Wissenschaft, 2. Aufl.) Frankfurt am Main 1989, S.11.
[5] ebenda, S.12.
[6] ebenda.

2. Einführung neuer Begriffe

Eng mit dem Mangel an Orientierung und Referenz verbunden ist mitunter die Art der Beweisführung, die Art der Logik: das Einführen von neuen Begrifflichkeiten. Hat man sich erst einmal in einen Sachverhalt hineingedacht und konnte dem Autor bis in ein besonderes Detail, vielleicht einen Widerspruch, folgen und einsichtig zu sich sagen ja: hier sehe ich den Widerspruch, da steht ein Sachverhalt dem anderen gegenüber, hier erkenne ich den Gegensatz; so ist man oft mit dieser neuen Erkenntnis hoffnungslos verloren, wenn man weiter liest und auf seine Auflösung stößt. Ein neuer Begriff wird eingeführt, ein Sprung wird gemacht, ohne den Leser mitzunehmen. Alle Einsichten versickern im Morast der neuen Begriffe. Hören wir noch einmal, um die Sache praktisch zu verdeutlichen, Hegel mit seinen Auslassungen über den Anfang der Bildung, der nach ihm damit gemacht werden müsse, „Kenntnisse *allgemeiner* Grundsätze und Gesichtspunkte zu erwerben, sich nur erst zu dem *Gedanken* der Sache *überhaupt* heraufzuarbeiten, nicht weniger sie mit Gründen zu unterstützen oder zu widerlegen"[7]. Das leuchtet ein, ich mache mir zuerst einen Begriff von der Sache, erfasse seinen *Gedanken* und operiere im besten Falle mit Gründen und Argumenten, was mir das Grundverständnis bestätigt und mich in dem Sachverhalt übt. Nun aber weiter:

> „Dieser Anfang der Bildung wird aber zunächst dem Ernste des erfüllten Lebens Platz machen, der in die Erfahrung der Sache selbst hineinführt; und wenn auch dies noch hinzukommt, daß der Ernst des Begriffs in ihre Tiefe steigt, so wird eine solche Kenntnis und Beurteilung in der Konversation ihre schickliche Stelle behalten."[8]

Was ist passiert? Innerhalb eines einzigen Satzes kommen drei neue, nicht eingeführte, schlicht vorausgesetzte Begriffe: »Ernst des erfüllten Lebens«, »Ernst des Begriffs«, »Konversation«. Freilich wird man sich nach einiger, individuell verschiedener Zeit der Reflexion ein Bild gemacht haben über die drei neuen Begriffe, ihr Verhältnis zueinander und ihre Einbettung in den vorher eröffneten Kontext. Aber diese Überlegun-

---

[7] ebenda, S.13f.
[8] ebenda, S.14.

gen müssen in jedem Satz von neuem geschehen, oftmals hat man ein ganz individuelles Verständnis von all diesen allgemeinen Begriffen, mit dem man dann aber nicht durch den Text kommt, weil man mit diesem oder jenem Widerspruch nichts anzufangen vermag. So wird auch hier der Text durch den gewillten Studenten verworfen. Auch Franz Fischer bringt allzu gerne Begriffe ins Spiel, ohne den Leser hinreichend über sein Verständnis aufzuklären. In seiner Erörterung der Prädikationsdialektik kommt er z.b. auf die Grenzen von wissenschaftlichen Aussagesystemen überhaupt zu sprechen, die sich über das in sich Widerspruchsvollwerden des Subjekts bei der gemeinsamen Prädikation bestimmter Prädikate konstituieren. Über diese Grenzen sagt er dann: „Diese ontologischen Grenzen bestehen zwischen formal Gedanklichem, Dinglichem, Lebendigem, Seelischem, und Geistigem."[9]

Zunächst steht zur Debatte, dass und warum von ontologischen Grenzen gesprochen wird, schließlich ist die Ontologie eine traditionsreiche Disziplin. Dann ist nicht klar, warum Fischer diese fünf Ebenen ausmacht. Sie gehen weder aus dem Vorherigen hervor, wenn man von ihrer unvermittelten Ersterwähnung eine Seite zuvor einmal absieht, noch werden sie im weiteren Verlauf des Textes erklärt, sie tauchen im Grunde nicht wieder auf. Man weiß einfach nicht, was es damit auf sich hat, da er eben keine Quelle glaubt angeben zu müssen. So zieht sich das Problem durch den Text und man hat schon rein formal einige Barrieren zu überwinden, sich überhaupt Gedanken um die inhaltlichen Aussagen machen zu können. Dies zunächst zur formalen Seite. Man wird aber bei genauerem Hinsehen auch eine ganze Menge inhaltlicher Übereinstimmungen zwischen Fischer und Hegel ausmachen können.

Hegel, Fischer & die Prädikation

Herzstück des Aufsatzes von Franz Fischer ist die Bestimmung der dialektischen Prädikation, wie auch Fischer-Buck in ihrer Biographie zu verstehen gibt.[10] Dass auch die Logik hier schon einige Vorarbeit geleistet hat, von der wir in Fischers Aufsatz keinen Anhaltspunkt finden, muss eigentlich nicht gesagt werden. Der Weg, den Fischer zur Problematik

---

[9] Fischer 1980, S.58.
[10] Fischer-Buck 1987, S.36-39.

der Prädikation geht, ist zunächst von dem verschieden, den Hegel in seiner Vorrede gegangen ist. Fischer macht schon zu Beginn seiner Arbeit eine Unterscheidung, die bei Hegel nicht zu finden ist: die Unterscheidung von theoretisch begriffener Wirklichkeit und praktisch-positiver Wirklichkeit. Nachdem Fischer nun erklärt, warum Wahrheit erkennen als theoretisch begriffene Wirklichkeit und Wahrsein als praktisch-positive Wirklichkeit nun zugleich nicht getrennt sind, lässt er zunächst das Verhältnis dieser beiden Seiten zueinander auf sich beruhen. Auch wie man sich den praktisch-positiven Sinn von Wirklichkeit individuell im Gegensatz zur konkret allgemein begriffenen Wirklichkeit zu denken hat, erläutert er hier noch nicht. Vielmehr beginnt er nun zunächst zu beschreiben, wie es denn eigentlich um das Erkennen von Wahrheit, also um die theoretisch begriffene Wirklichkeit bestellt ist. Dabei spricht er zwei Probleme an: Erstens gibt es in unserer Sprache Worte, etwa Seele, Geist, Sinn, Gott, „für die sich keine phänomenal dingliche Wirklichkeit nachweisen lässt."[11] Zweitens entstehen aus der wissenschaftlich-empirischen Unterscheidung von Dinglichem und Nichtdinghaftem – was konsequent gedacht die Erklärung des ersten Problems darstellt – Probleme, die nicht innerhalb des Dinghaften lösbar sind. Da es sich bei beiden Fällen in erster Linie um sprachliche Probleme handelt, scheint es Fischer von hieraus notwendig zu sein, sich den Sinn von wissenschaftlichen Aussagen, von Prädikationen zu verdeutlichen.

Hegel stößt in seiner Vorrede in anderer Weise auf die Prädikationsproblematik. Er legitimiert seinen Ausflug in die Erkenntnistheorie mit einer grundsätzlichen Formalismuskritik. So könne der Formalismus nur durch die Erkenntnistheorie überwunden werden.[12] Doch wie kommt Hegel eigentlich auf den Formalismus zu sprechen und wie ist er bei Hegel zu verstehen?

Da er eine *Phänomenologie des Geistes* schreibt, erwartet man in seiner Vorrede zunächst erst eine Geschichte des Geistes, die er dann auch liefert. Allerdings tut er dies auf eine derart abstrakte Art, dass es schwer fällt, ihm zu folgen. So verwundert es auch nicht, wenn Fries an Jacobi

---

[11] Fischer 1980, S.56.
[12] Hegel 1989, S.22.

schreibt, Hegels Phänomenologie sei ihm der Sprache wegen fast ungenießbar.[13]

Im Grunde unterscheidet Hegel in der Geschichte zwei Zeiten des Geistes, die er folgendermaßen beschreibt:

> „Sonst hatten sie einen Himmel, mit weitläufigem Reichtume von Gedanken und Bildern ausgestattet. [...] Das Auge des Geistes mußte mit Zwang auf das Irdische gerichtet und bei ihm festgehalten werden; und es hat einer langen Zeit bedurft, jene Klarheit, die nur das Überirdische hatte, in die Dumpfheit und Verworrenheit, worin der Sinn des Diesseitigen lag, hineinzuarbeiten und die Aufmerksamkeit auf das Gegenwärtige als solches, welche *Erfahrung* genannt wurde, interessant und geltend zu machen. – Jetzt scheint die Not des Gegenteils vorhanden, der Sinn so sehr in dem Irdischen festgewurzelt, daß es gleicher Gewalt bedarf, ihn darüber zu erheben. Der Geist zeigt sich so arm, daß er sich, wie in der Sandwüste der Wanderer nach einem einfachen Trunk Wassers, nur nach dem dürftigen Gefühle des Göttlichen überhaupt für seine Erquickung zu sehnen scheint. An diesem, woran dem Geiste genügt, ist die Größe seines Verlustes zu erkennen."[14]

Hegel spricht nicht von Lehren, Schulen oder Personen. Er fasst vielmehr die Thematik universeller und drückt den Geist als epochalen Zeitgeist aus. Die hohe Abstraktionsebene ist auch der Grund für die Verständnisschwierigkeiten, wie sie bereits angesprochen wurden. Man fragt sich, warum er nicht Altertum und Mittelalter als die eine, Renaissance und frühe Neuzeit als die andere Epoche anspricht. Und eben weil er es nicht tut, ist man ständig ungewiss, ob er diese auch meint, ob man ihn denn in dieser Hinsicht richtig verstehe. Wieder ist man mit seinem Fragen in einer Sackgasse, für deren Ausweg man bei Hegel vergeblich um Hilfe sucht.

Doch mit diesen beiden Zeiten ist es noch nicht getan. Der Geist befinde sich jetzt nämlich, so Hegel weiter, in einer Zeit des Umbruchs und Übergangs. Dieser dürfe sich nicht so gestalten, dass er etwa die Dürftig-

---

[13] Walter Jaeschke, Hegel-Handbuch. Leben – Werk – Schule. Ulm 2003, S.177.
[14] Hegel 1989, S.16f.

keit und Armseeligkeit des jetzigen Geistes vertröste: „Wer nur Erbauung sucht [...] mag zusehen, wo er dies findet. Die Philosophie aber muß sich hüten, erbaulich sein zu wollen."¹⁵

Diese Umgestaltung sei eine ganz besondere, ein qualitativer Sprung, der nicht ohne gefährliche Züge vonstatten gehe. An dem Neuen vermisse das Bewusstsein nämlich zweierlei, dass es aus der irdischen Zeit wohl kennen und lieben gelernt habe:

> „Es vermißt an der neu erscheinenden Gestalt die Ausbreitung und Besonderung des Inhalts; noch mehr aber vermißt es die Ausbildung der Form, wodurch die Unterschiede mit Sicherheit bestimmt und in ihre festen Verhältnisse geordnet werden."¹⁶

Unter dieser Problemkonstellation seien in der zeitgenössischen Bildung zwei Pole entstanden, von denen der eine auf Reichtum des Materials und auf Verständlichkeit poche, der andere auf die unmittelbare Vernünftigkeit und Göttlichkeit. Wenn auch letzterer zum „Stillschweigen"¹⁷ gebracht sei, so gehört doch der erste, den Hegel nun ohne konkrete Bestimmung Formalismus nennt, ordentlich zurechtgewiesen. Von hier aus erst beginnt Hegel seinen Ausflug in die Erkenntnistheorie:

> „Der Formalismus, den die Philosophie neuerer Zeit verklagt und geschmäht [hat] und der sich in ihr selbst wieder erzeugte, wird, wenn auch seine Ungenügsamkeit bekannt und gefühlt ist, aus der Wissenschaft nicht verschwinden, bis das Erkennen der absoluten Wirklichkeit sich über seine Natur vollkommen klar geworden ist."¹⁸

Hegel hat zwar die von Fischer getroffene Unterscheidung von theoretischer und praktisch-positiver Wirklichkeit nicht gekannt, seine Ausführungen über das Erkennen beginnt er aber auch indem er, ähnlich wie Fischer, die Beschaffenheit der theoretischen Wirklichkeit, hier freilich in ihrem geschichtlichen Ablauf, untersucht und auf eine zeitgemäße Problemkonstellation stößt. Während es bei Hegel der Formalismus ist, der

---

¹⁵ ebenda, S.17.
¹⁶ ebenda, S.19.
¹⁷ ebenda, S.20.
¹⁸ ebenda, S.22.

als Problem den Zugang zum theoretischen Erkennen der Wirklichkeit verstellt, sind es bei Fischer sprachliche Probleme, die aus dem Gegensatz von Dinglichem und Nichtdinglichem resultieren, weil der Gegensatz nur in sprachlichen Aussagen über die Wirklichkeit existiert.

In seiner Analyse wissenschaftlicher Aussagen stößt Fischer zunächst schrittweise auf deren dialektisches Prinzip. Er ist anfangs auch noch sehr studentenfreundlich, erklärt zunächst den allgemeinen Aufbau einer Prädikation, die aus Subjekt, Kopula und Prädikat besteht und geht dann zu seinen Unterscheidungen über. Seine Untersuchung beginnt mit zwei Thesen über das Verhältnis von Satzsubjekt und Satzprädikat. Das Prädikat, das ein bestimmtes Sosein des Subjektes aussagt, setzt zunächst immer ein Subjekt voraus, über das es dann dieses oder jenes Sosein aussagen kann. Ohne ein Subjekt wäre das Prädikat sinnleer. Dieses Satzsubjekt muss aber des Weiteren eine ganz bestimmte Beschaffenheit aufweisen. Es kann nicht einfach nur Subjekt, sondern muss aktuelles Sein oder Daßsein sein. D.h., es muss in der Wirklichkeit existieren: „Die Voraussetzung des prädizierten Soseins ist also das Daßsein des Subjekts."[19]

Auf der anderen Seite setzt das Subjekt insofern immer ein Prädikat voraus, als es ohne das Prädikat unbestimmt, allgemein und sinnleer wäre. Bereits bei diesen leicht nachvollziehbaren Überlegungen entstehen erste Fragen und Unklarheiten, die zu Verständnisschwierigkeiten im weiteren Textverlauf führen. Ist man auch mit dem Prädikationsbegriff wenig vertraut, so versteht sich nach Fischers Erklärung schnell, dass man einfache Aussagen in Subjekt, Kopula und Prädikat aufgliedern kann. In dem Satz »der Tisch ist grün« wäre das Subjekt demnach »der Tisch«, »grün« Prädikat und »ist« Kopula. Wie muss man sich aber getäuscht sehen, wenn man Franz Fischers Aufgliederung desselben Satzes betrachtet: „Die Voraussetzung des Satzes »der Tisch ist grün« ist das Subjekt, also »der Tisch ist«."[20]

Wo ist hier die Kopula geblieben? Hatte sich Fischer in der einleitenden Aufgliederung geirrt? Hatte er sich in der Analyse des Satzes »der Tisch

---

[19] Fischer 1980, S.57.
[20] ebenda.

ist grün« vertan? Oder geht gar die Kopula in dem Subjekt auf? Dann aber fehlt dieser Schritt in der Gedankenbewegung. Man ist beinahe versucht anzunehmen, das Aufgehen der Kopula im Satzsubjekt sei ein Kunstgriff, ohne den Fischer nicht auf einen „erkenntnistheoretischen Widerspruch"[21] stoßen würde, ja ohne den er die Aufhebung des Subjektes zum aktuellen Daßsein und umgekehrt das aktuelle Daßsein als Voraussetzung des Subjektes nicht konstatieren könnte.

Fischer fährt mit seiner Analyse fort und stellt in einem nächsten Schritt fest, dass sinnlose Sätze entstünden, wenn mehrere Prädikate unterschiedlicher Bereiche mit einem Subjekt verbunden würden, wie etwa in dem Satz „Cäsar ist eine Primzahl und ein Feldherr"[22]. Dass es sich bei solchen Sätzen nicht um einen Widerspruch zwischen Sosein und Daßsein handelt, ergibt sich aus dem Gesagten. Warum Fischer diesen Widerspruch als „in sich Widerspruchsvollwerden des Subjektes"[23] bezeichnet, wird nicht deutlich, handelt es sich doch in erster Linie um einen Widerspruch zwischen Sosein und Sosein. Es handelt sich bei dem Satz „das Atom hat die Masse x und fühlt Trauer"[24] nur dann um einen Widerspruch des Subjektes in sich, wenn man bei dieser zweifachen Prädikation davon ausgeht, dass beide Prädikate dasselbe daßseinde aktuelle Subjekt meinen, in bewusstem Unterschied zum selben *Satz*subjekt.

Das in sich Widerspruchsvollwerden des Subjektes zeige, so Fischer weiter, „die verschiedenen Weisen prinzipieller Wirklichkeit als Voraussetzungen, Grundlagen einzel-wissenschaftlicher Aussagen"[25]. Das Verständnis dieser Weisen endlich, sei die Lösung der eingangs angerissenen Problematik, der Problemkonsequenzen der Unterscheidung von Dinglichem und Nichtdinglichem, z.B. des Leib-Seele-Problems. Diese Weisen müssen nach Fischer „als Weisen des dialektischen *Sich-vermittelns* von Daßsein und Sosein"[26] begriffen werden. D.h., eine Prädikation kann nur ein Moment der Wirklichkeit ausdrücken, das einem anderen zunächst gegenübersteht. Ihr Widerspruch kann nur aufgehoben werden, wenn

---

[21] ebenda.
[22] ebenda.
[23] ebenda, S.58.
[24] ebenda.
[25] ebenda.

man sie als das begreift, was sie sind, als dialektisch vermittelte Teilaspekte, die ihre Einheit stets voraussetzen. Am Ende seiner Analyse liefert Fischer schließlich eine Zusammenfassung:

> „Das wesentliche Ergebnis unserer Unterscheidung über die wissenschaftliche Prädikation ist: Alle Prädikationen als Behauptungen eines Soseins setzen notwendig ein daßseiendes aktuelles Subjekt voraus, das als *solches* zwar nie in das Prädikat eingehen kann, jedoch das Prädikat erst sinnhaft macht und von diesem stets gemeint wird."[27]

In Anschluss an diese Zusammenfassung schlussfolgert Fischer-Buck dann ganz richtig: „Von hier aus wird die Überschrift in ihrem Appell deutlich: Substanz *muß* Subjekt werden!"[28]

Hören wir im Gegenzug einmal, was Hegel in seiner Vorrede zur Erkenntnistheorie zu sagen hat:

> „Es kommt nach meiner Einsicht, welche sich nur durch die Darstellung des Systems selbst rechtfertigen muß, alles darauf an, das Wahre nicht als Substanz, sondern ebenso sehr als Subjekt aufzufassen und auszudrücken."[29]

Natürlich nimmt Hegel im weiteren Verlauf Einschränkungen und Erklärungen vor, die sich nicht mehr ohne weiteres mit dem Fischerschen System in Übereinstimmung bringen lassen, aber zunächst ist es doch erstaunlich und zugleich unschwer zu erkennen, von wem Fischer in seinem Aufsatz inspiriert worden ist. Umso erstaunlicher aber ist, dass Fischer selbst bei dieser Offensichtlichkeit es nicht für nötig befunden hatte, irgendeine Quelle anzugeben. Die Analyse erscheint als seine eigene Invention und das befremdet insofern auf besondere Weise, als wir bei Fischer das Studium dieser Vorrede mit Sicherheit voraussetzen können.

---

[26] ebenda.
[27] ebenda.
[28] Fischer-Buck 1987, S.37.
[29] Hegel 1989, S.22f.

Um den Fortgang der Bestimmungen zu verstehen, ist es bei Hegel wiederum notwendig, sich zuerst noch einmal seinen Subjektbegriff zu verdeutlichen, weil hier die größten Verständnisschwierigkeiten entstehen:

„Das Wahre oder das Absolute als Subjekt zu begreifen, heißt zu erkennen, daß es die Verfassung von Subjektivität habe."[30]

Als basales Charakteristikum der Subjektivität steht in diesem Falle die Tätigkeit, die zwei Bedingungen erfüllt. Da die Tätigkeit, deren Inhalt noch nicht näher bestimmt ist, eine Tätigkeit des Absoluten ist, kann sie nur dem Absoluten zugeschrieben werden, das heißt: tätig ist nichts anderes als das Absolute selbst. Als zweite Bedingung kann die Tätigkeit des Absoluten nur auf sich selbst bezogen sein, denn es gibt nichts außerhalb des Absoluten. Da nun also die Substanz oder das Absolute nun als Subjekt aufgefasst wird, auf sich selbst gerichtet tätig ist, nennt Hegel diese Tätigkeit „Werden seiner selbst"[31]. Diesem Werden, dieser Tätigkeit gibt Hegel nun eine ganz konkrete Charakteristik, welche nur verstanden wird, wenn man sich vorher den Subjektbegriff verdeutlicht hat, wenn man um die zweifach bedingte Tätigkeit weiß. Dieses Wissen aber findet man nicht explizit bei Hegel selbst, aber ohne das Verständnis dürfte es einige Zeit dauern, die Beschaffenheit der Substanz als Subjekt zu begreifen:

„Die lebendige Substanz ist ferner das Sein, welches in Wahrheit *Subjekt* oder, was dasselbe heißt, welches in Wahrheit wirklich ist, nur insofern sie die Bewegung des Sichselbstsetzens oder die Vermittlung des Sichanderswerdens mit sich selbst ist. Sie ist als Subjekt die reine *einfache Negativität*, eben dadurch die Entzweiung des Einfachen [...]."[32]

Hier nun wird die reine Tätigkeit, die oben nur als *Tätigkeit des Absoluten selbst auf sich gerichtet* beschrieben wurde, zum ersten Mal quasi konkret: es ist die »Bewegung des Sichselbstsetzens«. Und dadurch, dass die Substanz sich verändert, also sich anders wird, unterscheidet sie sich von sich selbst als vorherige Substanz, als Substanz vor der Veränderung.

---
[30] Jaeschke 2003, S.182.
[31] Hegel 1989, S.23. Vgl. dazu auch Jaeschke 2003, S.182.
[32] Hegel 1989, S.23.

Deshalb kann die Bewegung eine »Vermittlung des Sichandersswerdens mit sich selbst« genannt werden. Es ist deswegen ein Sichandersswerden und kein reines Anderswerden, weil es ein Anderswerden des Absoluten ist und das Absolute nur das *Sich*anderswerden kennt, weil das *Anderswerden* ein Anderes als das Sich zur Voraussetzung hat und beim Absoluten kein Anderes außerhalb des Absoluten existiert. Die Substanz aber wird schließlich »eine einfache Negativität« dadurch, dass sie bei dem Sichselbstsetzen sich selbst neu setzt und damit sich selbst verneint, also negiert. Das Absolute ist also zusammengefasst nicht eben nur das Einfache, sondern gerade durch das Setzen und Verneinen seiner Selbst die »Entzweiung des Einfachen«.

Erinnern wir uns an dieser Stelle noch einmal an das Vorhaben Hegels, so sehen wir es bisher noch nicht erfüllt. Wollte er in kritischer Ablehnung des Formalismus die Natur des Erkennens der absoluten Wirklichkeit verdeutlichen, so finden wir bisher nur Aussagen über die Natur der absoluten Wirklichkeit selbst, nicht aber über die Natur ihres Erkennens. Das scheint zugleich ein großer Unterschied zu Fischer zu sein, der ja tatsächlich stärker das Erkennen des Absoluten bzw. Aussagen über die Wirklichkeit untersucht hat.

Auch im Folgenden werden wir bei Hegel nur tiefer in die Beschaffenheit des Absoluten eingeführt. So taucht hier als neues Begriffspaar das An-sich-Sein und das Für-sich-Sein auf, die im Grunde ihre Entsprechung in Substanz und Subjekt finden. Das wird besonders deutlich, wenn Hegel das Für-sich-Sein als Selbstbewegung der Form präzisiert.[33] Man könnte hier problemlos den tätigen Subjektbegriff an die Stelle des Für-sich-Seins setzen.

Hegel hat bei allen eingeführten Begriffen den Formalismus im Hinterkopf. Er geht davon aus, dass der Formalismus sich deswegen in der Wissenschaft gehalten hat, weil er für sich ein Erkennen des Absoluten beansprucht, das ohne irgendeine Vermittlung vonstatten geht. Die Vermittlung wird gemieden, weil Formalisten fürchten, dass sie die absolute – das hieße also – unvermittelte Erkenntnis aufgebe. Wenn man also die

---

[33] ebenda, S.24.

absolute Erkenntnis anstrebt, dann ist prinzipiell jede Vermittlung destruktiv. Zwar sprechen die Worte des Göttlichen, Absoluten etc. nicht das aus, was darin enthalten ist, aber sie drücken die Anschauung als das Unmittelbare aus: „Was mehr ist als ein solches Wort, der Übergang auch nur zu einem Satz, *enthält ein Anderswerden*, das zurückgenommen werden muß, ist eine Vermittlung."[34]

Hegel muss daher in seinen Ausführungen versuchen, die Vermittlung in irgendeiner Weise positiv umzudeuten. Er erklärt schließlich, warum die Furcht vor ihr grundlos ist:

> „Denn die Vermittlung ist nichts anderes als die sich selbst bewegende Sichselbstgleichheit, oder sie ist die Reflexion in sich selbst, das Moment des fürsichseienden Ich, die reine Negativität oder, auf ihre reine Abstraktion herabgesetzt, das *einfache Werden*. Das Ich oder das Werden überhaupt, dieses Vermitteln ist um seiner Einfachheit willen eben die werdende Unmittelbarkeit oder das Unmittelbare selbst."[35]

Wenn aber die Vermittlung das Unmittelbare selbst ist, dann ist die Furcht vor ihr unberechtigt und der Formalismus kann überwunden werden. Hegel gibt die Vermittlung als das Unmittelbare, als die grundsätzliche Beschaffenheit des Absoluten aus. Bei dieser Unmittelbarkeit bleibt Hegel aber nicht stehen, sie ist vielmehr der Anfang des Hegelschen Systems oder, wie Fischer in seinem Aufsatz schreibt, „mit ihr als dem »Sein« beginnt die *Dialektik des Hegelschen Systems*"[36]. Im weiteren Verlauf der Argumentation erinnert Hegel an den Zweckbegriff Aristoteles' und kommt zu den höherstufigen Momenten der Subjektivität: Wissen und Sich-Wissen des Geistes. Dies ist sein höchster Ausdruck, „[d]aß das Wahre nur als System wirklich oder daß die Substanz wesentlich Subjekt ist, ist in der Vorstellung ausgedrückt, welche das Absolute als Geist ausspricht [...]."[37]

---

[34] ebenda, S.25.
[35] ebenda.
[36] Fischer 1980, S.60.
[37] Hegel 1989, S.28.

Von dem ursprünglichen Vorhaben, über die Natur des Erkennens Rechenschaft abzulegen, sind wir nun weitestgehend abgerückt. Ausgeschlossen, man verstünde es von der Beschaffenheit des Absoluten direkt auf sein Erkennen zu schließen, wie es ja in der gegenteiligen Wendung grundsätzlich möglich ist, Weisen des Erkennens aufgrund der Strukturkenntnis des Absoluten auszuschließen, so wie es im Formalismus geschehen ist.

Was nun das Verhältnis des Fischerschen Subjektbegriffs zum Hegelschen betrifft, so geht man vielleicht gar nicht verkehrt in der Annahme, dass Fischers Forderung, Substanz müsse Subjekt werden, im Hegelschen Subjektbegriff noch gegeben war.

> „Mit Hegel begreifen wir nun den konkret allgemeinen Sinn von Wirklichkeit, so wie wir in der Prädikationsdialektik den prinzipiellen Sinn von Wirklichkeit begriffen haben." [38]

Im zweiten Teil seiner Vorrede legitimiert Hegel den langen Weg bis zur Wissenschaft des Wahren. Am Ende kommt er nochmals auf die Prädikationen zu sprechen und wir werden wieder an Fischer erinnert.

Hegel spricht sich hier gegen das räsonierende Denken aus und stellt diesem das begreifende Denken gegenüber. Dieses begreifende Denken läuft im Grunde nach dem gleichen Schema ab, das Fischer in seiner Prädikationsdialektik entwickelt. Dem räsonierenden Denken fehle, nach Hegel, vor allem die Bewegung. Das als Ruhepol gesetzte Subjekt gehe in der Bewegung selbst zugrunde und damit in die Unterschiede und den Inhalt ein. Fischer schreibt über das Verhältnis von Daßsein und Sosein:

> „Diese Weisen des aktuellen Daßseins und zugleich bestimmten Soseins sind nun als Weisen des dialektischen *Sich-vermittelns* von Daßsein und Sosein zu begreifen, nicht im Sinne einer quantitativen Differenz des immer mehr »Daßseins« vom Formalsystem zu Geschichte."[39]

---

[38] Fischer 1980, S.61.
[39] ebenda, S.58.

Das räsonierende Denken entspräche hier also dem auch von Fischer abgelehnten Sinn der »quantitativen Differenz des immer mehr Daßseins«. Hegel wird aber noch konkreter in der Frage der Prädikation:

> „Sonst ist zuerst das Subjekt als das *gegenständliche* fixe Selbst zugrunde gelegt; von hier aus geht die notwendige Bewegung zur Mannigfaltigkeit der Bestimmungen oder der Prädikate fort; hier tritt an die Stelle jenes Subjekts das wissende Ich selbst ein und ist das Verknüpfen der Prädikate und das sie haltende Subjekt. Indem aber jenes erste Subjekt in die Bestimmungen selbst eingeht und ihre Seele ist, findet das zweite Subjekt, nämlich das wissende, jenes, mit dem es schon fertig sein und worüber hinaus es in sich zurückgehen will, noch im Prädikate vor, und statt in dem Bewegen des Prädikats das Tuende – als Räsonieren, ob jenem dies oder jenes Prädikat beizulegen wäre – sein zu können, hat es vielmehr mit dem Selbst des Inhalts noch zu tun, soll nicht für sich, sondern mit diesem zusammen sein."[40]

Von hier aus wird Fischers Lösung nun noch einmal deutlich: Substanz muss Subjekt werden. Denn erst dann fällt überhaupt die Möglichkeit eines zweiten Subjektes weg, bzw. wird das zweite zum ersten und das erste fällt heraus. Denn erst, wenn das erste herausfällt, ist das zweite, das jetzt als das einzige das erste ist, nicht mehr gehemmt, weil das Prädikat noch mit dem Inhalt des Selbst beschäftigt sei.

Dennoch stellt auch Fischer fest, dass die Wirklichkeit als solche nie in das Subjekt eingehen kann. Die Frage schließlich aber nach dem, was dies ist, was die Aussagen nicht sagen können, führt zu einem letzten Problem, dass hier angesprochen werden soll. In ihrer Biographie berichtet Fischer-Buck in einer kleinen Anekdote, wie das Problem zu fassen sei.[41] Frau Fischer-Buck war damals überzeugt, man könne grundsätzlich alles aussagen und scheiterte schließlich an dem Versuch, eine Rose auf dem Wohnzimmertisch zu beschreiben, da alle ihre Eigenschaften auch für andere Rosen hätten gelten können. So konnte sie schließlich nichts sagen, was allein diese Rose betraf.

---

[40] Hegel 1989, S.58f.
[41] Fischer-Buck 1987, S.38.

„Damals wurde mir die Unmöglichkeit deutlich, mit der Allgemeinheit der Sprache das Einmalige in seinem Dies, Hier, Jetzt, Du auszusagen, das ja eben Wirklichkeit ausmacht. [...] Er sah es mit Schmunzeln: »Nimm sie, schenk sie jemanden, gib ihr Wasser, tu etwas, was zu ihr passt, dann bist Du bei ihr selber im Hier, Jetzt und auch beim Du«. Der Sinn der Aussagen ist damit ja nicht aufgehoben. In diesem Beispiel liegt er darin, daß man weiß, eine abgeschnittene Rose braucht Wasser."[42]

Hier liegt ein Gefahrenpotential im Verständnis. Ich könnte diesem Jemand auch eine andere, jede beliebige Rose schenken. Ich kann eigentlich nichts tun, was nur zu dieser Rose passen würde. Nun kann man entgegenbringen, dass im Handlungsvollzug, also im Schenken, Gießen etc. ja die Möglichkeit wegfalle, dass eine andere Rose verschenkt würde. Nach der Handlung oder genau genommen unmittelbar nach Beginn der Handlung ist nur noch diese eine Rose das Geschenk. Sicher hätte ich grundsätzlich auch eine andere Rose schenken, gießen, beschneiden etc. können, aber indem ich diese eine hier und jetzt schenke, beschneide etc., bin ich ganz bei dieser einen Rose, bin ich beim Du. Nun könnte man doch aber auch Aussagen über die Rose dementsprechend präzisieren. Also statt alle Eigenschaften, Bestandteile etc. aufzuzählen, könnte man auch Aussagen treffen wie: »ich spreche von der Rose, die heute, hier und jetzt auf dem Wohnzimmertisch steht«. Dies ist zwar eine Aussage, die auch für jede beliebige Rose gelten *kann*, die aber unmittelbar mit Beginn des Aussprechens nur für diese eine bestimmte Rose gilt. Damit wäre ich auch beim Du der Rose. Genauso war ja auch das Verschenktwerden eine Eigenschaft, die grundsätzlich auch für jede andere Rose möglich war, im Handlungsvollzug jedoch nur noch dieser einen zukam. Die Begrenztheit der Sprache könnte so überwunden werden, indem einfach Handlungen ausgesagt oder handlungsäquivalente Aussagen getroffen werden. Die ausgesagte Handlung wäre dann derart konkret, dass man auch beim Du ankommen könnte. So wird denn auch eine Handlung im weitesten Sinne ausgesagt, wenn man von der Rose spricht, die heute, hier und jetzt auf dem Wohnzimmertisch steht. Es wäre dann sogar egal, ob die ausgesagte Rose Handlungen vollziehe oder erleide, allein mit der Handlungsaussage wäre ihre Wirklichkeit voll erfasst.

---

[42] ebenda.

Warum sie dennoch nicht voll erfasst ist, liegt in der Prädikationsdialektik Fischers begründet. Die ausgesagte Handlungswirklichkeit ist nämlich deswegen nicht voll erfasst, weil sie als Ganze keinen Einzug in das Prädikat erhalten kann, weil sie durch die Prädikation stets nur gemeint wird. Hier besteht eine grundsätzliche Schwierigkeit. Es wird nämlich nicht ersichtlich, warum ich etwa bei einer Handlung näher an der Wirklichkeit bin, als bei einer Aussage. Handlung und Aussage werden beide durch Sinneseindrücke erfahren, bei denen ein Vorzug des Tastsinnes vor dem Hörsinn unsinnig im Wortsinn wäre. Der mangelnde Einblick in den wahrscheinlich ähnlich dialektischen Vermittlungscharakter einer Handlung ist es, was uns diese als etwas Höherwertiges erscheinen lässt und ihr den Vorzug vor der Aussage überlässt. Vielleicht aber bringt eine Untersuchung über ihre Natur ähnliche Ergebnisse zutage, wie es in Fischers Analyse der Aussagen geschehen ist.

Franz Fischer
aus einer weniger wissenschaftlichen Sicht

Martyna Stachurski

Dies ist weniger eine wissenschaftliche Sicht auf das Denken Franz Fischers als viel mehr der Einblick in die Gefühlswelt oder auch Wahrnehmung einer Studentin, die einige wenige Arbeiten von ihm gelesen hat. In unserer heutigen Gesellschaft würde man vielleicht sagen, ich sei ein Fan von Franz Fischer geworden. Eine unglaubliche Faszination geht von diesem Mann aus. Es ist eine Leichtigkeit, sich in seinen Texten zu verlieren und wenn man das Glück hat, dann kommt man nie mehr so ganz aus dieser Welt heraus. Es gibt Zeilen und Textstellen, die einen einfach nicht mehr loslassen und die Einstellung zur Welt und zu einem selbst verändern oder die Gedanken, die man schon so lange in sich trug, ans Tageslicht befördern. Man hat nicht immer das Gefühl, einen Text ganz verstanden zu haben und das Bedürfnis wächst, Fragen zu stellen und Antworten zu bekommen, die einen eine ganz neue Welt erschließen lassen.

Eine der Arbeiten Fischers, die mich immer wieder aufs Neue beschäftigt, ist *Die Aporie des Selbst*.[1] Auf welchen Wegen ich versucht habe, diese Abhandlung zu lesen und dann auch noch zu verstehen, weiß ich nicht. Manchmal kam das Gefühl auf, je mehr ich versuchte, sie zu verstehen, desto weniger funktionierte es. Eine Möglichkeit bestand schließlich darin, sich einfach fallen zu lassen und den Text zu lesen, ohne die Erwartung zu haben, ihn auch wirklich zu verstehen. Und es hört sich unwirklich an, aber so kann es tatsächlich funktionieren. Beim Lesen darf man nicht den Fehler machen, sich zu sehr auf den Text zu konzentrieren. Es muss einem gelingen, ihn zu lesen und auf sich wirken zu lassen. Wenn das Nachdenken zu früh einsetzt, dann kann man eigentlich wieder von vorne beginnen, weil man die Aussage nicht mehr greifen

---

[1] in: Franz Fischer, Proflexion. Logik der Menschlichkeit. Späte Schriften und letzte Entwürfe 1960 – 1970, Werkausgabe Bd. IV, hrsg. v. M. Benedikt & W.W. Priglinger, Wien 1985, S.85-109.

kann. Der Versuch muss unternommen werden, ein Teil dieses Textes zu werden, da er wahrscheinlich nur so verstanden werden kann.

Ich habe versucht, meine positive Erfahrung, etwas verstanden zu haben, meinen Mitmenschen auch mitzuteilen und muss leider gestehen, ich bin kläglich gescheitert. Mir fehlten die Worte und ich bin an die Grenzen meiner sprachlichen Fähigkeiten gestoßen. Jedenfalls hatte ich das Gefühl. Wenn man in solchen Momenten versucht, jemandem zu erklären, dass es eigentlich ganz logisch ist, was Fischer geschrieben hat und man es einfach mal schaffen muss, es zu *greifen* – von *begreifen* wollen wir hier noch nicht reden –, dann kommt es schon vor, dass man merkwürdige Blicke erntet.

Trotzdem bleibt nichts anderes übrig, als seinem Gegenüber zu empfehlen, sich ein wenig Zeit zu nehmen um z.B. die *Aporie des Selbst* auch wirklich selbst durchzulesen. Der Text stellt eine gewisse Herausforderung dar und sicherlich auch den einen oder anderen verzweifelten Versuch, dem Geschriebenen folgen zu können. Aber irgendwann kommt dann der Moment, an dem man glaubt, ihn wirklich *greifen* und verinnerlichen zu können. Ob es dann auch gelingen wird, dies wiederum mitzuteilen, ist eine ganz andere Frage.

Dies sind die Rückschläge und der aufkommende Verdacht, etwas vielleicht doch nicht richtig verstanden zu haben. Und dennoch hat man das Verständnis irgendwie im Gefühl. Man weiß, was Fischer meint oder man glaubt es zumindest zu wissen und kann sich dennoch einfach nicht mitteilen. In solchen Situationen erinnere ich mich an die von Fischer »neu« definierten Worte, wie »Sinn«, »Gewissen« und »Glauben«. Zu diesen Worten hat jeder seine eigenen Vorstellungen. Aber äußerst wichtig scheint mir zu sein, sich von den Begriffen, die man kennt, zu lösen. Man muss »naiv« an die Erklärungen Fischers herantreten und dann hat man vielleicht die Chance, seinen Erläuterungen und seiner Definition von Welt zu folgen. Ob es jemandem dann allerdings auch gelingt, die Welt so zu sehen, wie Fischer es getan hat, ist wiederum eine andere Frage. Aber der Versuch, wenigstens einen kleinen Einblick zu bekommen, ist die Mühe schon wert. Dazu ist jedoch eine nicht zu unterschätzende Offenheit für Neues erforderlich. Denn man muss sich zum Teil von seiner »alten« Weltanschauung lösen (können).

Es ist mir z.B. nicht leicht gefallen, mich von meinen mir bekannten Definitionen von »Sinn«, »Gewissen« und »Glauben« zu lösen und zu erfassen, was Fischer damit sagen wollte. Aber mit der Zeit habe ich (glaube ich zumindest) gelernt, Abstand zu dem von der Gesellschaft mir Vorgegebenen einzunehmen. Dies hatte am Anfang zur Folge, dass ich alles hinterfragt habe, was mir begegnete und die Menschen in meiner Umgebung gefragt habe, wie sie das jetzt genau *meinen* und ob es nicht vielleicht doch etwas anderes sein könnte. Zum Teil ist dies heute noch der Fall. Wenn ich einen Text lese, in dem einer der zentralen Fischerschen Begriffe vorkommt, stellt sich mir manchmal die Frage, wie das denn jetzt genau gemeint ist.

Einen Satz, den ich nicht vergessen kann, stammt aus einem Gespräch zwischen Frau Fischer und Franz Fischer, als er ihr sagt: „Sage diese Rose aus."[2] Dieser Satz fiel in einem Gespräch zwischen dem Ehepaar, in dem Frau Fischer der Meinung war, man könnte alles aussagen. Im Laufe dieser Unterhaltung versuchte sie, dies dann anhand einer Rose zu beweisen, was ihr jedoch nicht gelingen wollte. Wenn man sich dieses Gespräch durchließt, dann fängt man zu überlegen an, wie man eine Sache aussagen kann, d.h., was zum Beispiel den einen Tisch vom anderen unterscheidet, auch wenn sie genau gleich aussehen. Denn eigentlich muss jeder einzelne Tisch einen *Sinn* haben. Ein Hinterfragen der Dinge stellt sich ein. Es mag nicht immer von Vorteil sein, wenn man die Dinge so betrachtet, aber es öffnet einem die Augen, nicht alles als selbstverständlich anzusehen. Und man lernt auch, an seine Grenzen zu stoßen, besonders was das Sprachliche betrifft.

Ich habe nach diesen Überlegungen viele Dinge mit anderen Augen gesehen und Menschen in den alltäglichsten Situationen gebeten, mir Gegenstände zu beschreiben und sie »auszusagen«. Aus eigener Erfahrung kann ich sagen, man macht sich auf Dauer keine Freunde damit! Was je-

---

[2] in: Anne Fischer-Buck, Franz Fischer 1929 – 1970. Ein Leben für die Philosophie, Wien/München 1987, S.38.

doch passiert: Man bekommt mit der Zeit eine andere Sicht auf viele Dinge, Situationen und auch auf die Sprache. Ich stoße immer wieder an meine Grenzen, aber ich versuche sie zu verschieben und einiges aus einem anderen Blickwinkel zu sehen.

Franz Fischer scheint sich mit der Zeit eine eigene Weltsicht (Weltansicht) geschaffen zu haben, die er auch nicht mehr mit den ihm zur Verfügung stehenden Begriffen erklären konnte und es dadurch zu den Neudefinitionen kam und zu »seiner eigenen Sprache«. Ich glaube, es geht vielen Menschen so, dass sie bestimmte Dinge nicht in Worte fassen können, weil sie entweder das betreffende Wort nicht kennen oder kein Wort finden und ein Neues erfinden müssten, um dem jeweiligen Gegenüber das zu sagen, was man eigentlich wirklich meint. Franz Fischer scheint an eben solche Grenzen gestoßen zu sein und konnte sie mit den »normalen« Begrifflichkeiten nicht mehr erklären. Beim Lesen seiner Arbeiten hatte ich oft das Gefühl, etwas würde fehlen, oder besser ausgedrückt: mir fehlten einige Schritte, um das Geschriebene wirklich zu verstehen. Im Gespräch ist es ihm wohl gelungen auf seinen Gegenüber zu reagieren und seine Sichtweise auch erklären zu können, was in seinen Arbeiten nicht immer so ist. Man hat des öfteren das Gefühl, dass in Fischers Arbeiten etwas fehlt, oder besser gesagt: Er macht Gedankensprünge, die man selbst nicht ganz nachvollziehen kann. Es hat den Anschein, als hätte er irgendwann seine ganz eigene Welt geschaffen, die er begreifen, erfahren und auch erleben konnte, die er anders sah, als die Menschen um ihn herum. Deshalb ist es für jemanden, der nicht in seiner »Sprache« denkt, manchmal äußerst schwer, ihm zu folgen. Was aber nicht bedeuten soll, dass man es nicht wenigstens versuchen sollte. Denn Fischers Wunsch, diese eigene Welt mit seinen Mitmenschen zu teilen, kann nur gelingen, wenn man erkennt, dass es Dinge gibt, von denen man sich lösen muss, um die Ansichten und die Welt von Franz Fischer zu verstehen.

Es fällt auf, dass ich immer wieder das Wort *Gefühl* gebrauche. Aber ich finde auch kein anderes Wort dafür, was ich eigentlich damit ausdrücken möchte. Es ist oft einfach das Gefühl, die Texte von Fischer *greifen*, ohne sie wirklich erklären zu können. Das war bestimmt nicht die Intention, die hinter den Arbeiten stand. Aber dies ist mein momentaner Zugang zu der Welt Franz Fischers. Ich weiß nicht, ob ich alles so verstehe, wie er es gemeint hat und ich weiß auch nicht, ob er es wirklich so gemeint hat, wie es geschrieben wurde. Trotzdem werde ich weiterhin versuchen, einen kleinen Einblick in diese Welt zu gewinnen und vielleicht wird aus dem *Gefühl* auch irgendwann ein *Wissen*.

Buchbesprechung: Die Erziehung des Gewissens
Einblicke und Gedanken

Annette Bork

Franz Fischer. Die Erziehung des Gewissens - Schriften und Entwürfe zur Ethik, Pädagogik, Politik und Hermeneutik. [Nachgelassene Schriften] Hrsg. v. J. Derbolav. Nachdr. der Ausgabe Kastellaun, Henn, 1979. 2. erw. Aufl. Norderstedt: Anne Fischer Verlag, 1999. ISBN 3-926049-23-5, 207 Seiten.

Das Buch *Die Erziehung des Gewissens* besteht überwiegend aus Texten, die für die pädagogische und die philosophische Diskussion interessant sind. Ich habe für meinen Beitrag drei Texte ausgewählt, um durch ihre Besprechung einen Einblick in die Gedankenwelt Fischers zu vermitteln und eine Verbindung zur aktuellen Thematik „Europa" zu ziehen.

Folgende Texte werde ich genauer besprechen:

1. Was ist der Mensch? (von 1956)
2. Gewissen und Ermessen (von 1956/7)
3. Was können wir Staatsbürger für die Vereinigung Europas tun? (vermutlich von 1960)

Was ist der Mensch?

Dieser Text erschien als Artikel im Nachrichtenblatt der Bonner Studierendenschaft im November 1959. Fischer bespricht in seinem Aufsatz Überlegungen von Immanuel Kant, Arnold Gehlen und Martin Heidegger zur Frage nach dem Menschen, um am Ende sein Konzept »Sinn von Sinn« vorzustellen.

In der abendländischen Kultur ergaben sich zwei Gruppen von Menschenbildern. Die erste beschrieb Bruno Hamann[1] als das antik-christliche Menschenbild (»homo sapiens«), bei dem der Mensch vom Geiste

---

[1] Bruno Hamann, Pädagogische Anthropologie, Bad Heilbrunn, 3. Auflage, 1998, S.43ff.

oder von Gott her und als die Krone der Schöpfung beschrieben wird. Mit dem Beginn der Neuzeit entstand das naturalistische Menschenbild (»homo faber«), das von der Materie und vom Kosmos her seine Deutung fand. Ein wenig deutlicher wird diese Unterscheidung, wenn man den „homo sapiens" als das derzeitige Ende einer Entwicklungskette (des geistigen Potentials) und damit als das Höchste einordnet, während der „homo faber" seinen Platz inmitten und verflochten in einem Kosmos ohne Hierarchie einnimmt.

Franz Fischer betrachtet die Frage nach dem Menschen aus einem anderen Blickwinkel. Ihn interessiert daher weniger die Stellung des Menschen im Kosmos, als vielmehr die Frage nach dem Sinn des Menschseins. Während erstere versucht, die Position eines Dritten einzunehmen, in der die Beziehung zwischen Mensch und Kosmos von außen betrachtet wird, will Fischer den Menschen nach seiner Fähigkeit definieren, über ein Sich-als-Mensch-vermitteln zu einer sowohl nach außen als auch nach innen gerichteten Sinnhaftigkeit des Menschseins zu gelangen. Er beginnt deshalb bei der Kantschen Problematik des »anthropologischen Zirkels«, dessen Aussage im Wesentlichen ist, dass das „Erkennen zum Menschen gehört und dadurch zu ihm nicht im Abstand eines „neutralen" Beobachters steht"[2], also einen besonderen und sich selbst re-flektierenden Erkenntnisgegenstand darstellt. Für Kant wird die empirische Selbsterfahrung erst dann möglich, wenn sich der Mensch als Mensch durch Reflexion erkannt hat. Von dieser Prämisse aus wendet sich Fischer Arnold Gehlen zu.

Gehlens Modell des „Mängelwesen[s][3]" Mensch, der durch seine biologische Unvollständigkeit gegenüber den Tieren (fehlende organische Anpassungen, Instinktreduktion, langfristige Schutzbedürftigkeit)[4] einen Ausgleich in der Handlung und Reflexion benötigt, beruht auf der Annahme, „die (biologische) Organisation des Menschen von der Handlung her" erklären zu können. Fischer sieht darin einen Widerspruch, die Handlung wiederum von „der Organisation des Menschen bedingt"[5] zu

---

[2] Fischer 1999, S.40.
[3] ebenda, S.41.
[4] Hamann 1998, S.63.
[5] Fischer 1999, S.41.

begründen. Die Widersprüchlichkeit in Gehlens Anthropologie stellt für ihn einen Grund dar, von der biologischen Deutung des Menschen Abstand zu nehmen.

So geht Fischer über zur Konzeption des Menschen als sich reflektierendes Wesen bei Heidegger. Dieser legt das Wesen des Menschen als Verhältnis zu seinem Sein aus und nicht zum Erkennen. Fischer kritisiert Heidegger dahingehend, dass dieser das Sein unhinterfragt zur Grundlage seiner Anthropologie bestimmt. Fischer bemerkt: „Das Sein wird bei Heidegger in seinem Sinn fraglich, während der Sinn von „Sinn" selber fraglos bleibt."[6] Der Sinn von »Sinn« ist nach Fischer als „unmittelbarer Sinn *jeder* Vermittlung vorgegeben" und somit als die Bedingung der Möglichkeit für jedes „Welt- und Selbst-*verständnis*".[7] Nur durch den Sinn von Sinn erkennt sich der Mensch als Mensch.

Mit seiner Auswahl an anthropologischen Modellen will Fischer den Leser an ein nicht-biologisch begründetes Menschenmodell heranführen. Fischers Bestimmung des Wesens des Menschen durch Sinn des Menschseins und durch den Sinn dieses Sinnes greift jeder (Welt-) Anschauung voraus und wird von ihm wie folgt zusammengefasst:

> „Der Mensch ist Mensch dadurch, daß der ihm unmittelbar vorgegebene Sinn in seinem Erkennen und Schaffen vermittelt und in der Reflexion darauf sich selber aus seiner Grenze zu ihm versteht."[8]

Gewissen und Ermessen

Das Textfragment *Gewissen und Ermessen* diskutiert im Wesentlichen die Bestimmung des Menschen im politischen und wirtschaftlichen Sinne. Dabei geht es um folgende Grundbegriffe des Menschseins: Gewissen, Gewissheit und Ermessen, Individualität und Interessen. Aber es geht auch um eine ethische Diskussion des Handlungsbegriffes und des Wesens bzw. der Rolle der Wissenschaften.

---

[6] ebenda, S.44.
[7] ebenda.
[8] ebenda.

Meines Erachtens ist die zentrale These des Textes folgende:

> „Weil eine anthropologische Theorie, die den Menschen von seinen gesellschaftskritisch-wirtschaftlich gedeuteten Beziehungen bzw. Interessen und damit von einem speziellen Aspekt der empirischen Gewißheit her bestimmt, selber nur dadurch möglich ist, daß er als Mensch über ein »sich Wissen« und darin über ein »Gewissen« verfügt, ist sie überall dort, wo sie vorgebracht wird, aus ihrer eigenen Struktur schon widerlegt."[9]

Fischer überwindet den systemtheoretischen Ansatz der Vorstellung vom Menschen als Teil von Systemen, insofern der Mensch im Gewissen eine ihn je individuell bestimmende Instanz besitzt, die über das Richtigsein von Handlungszielen befindet. Durch das Befolgen seines Gewissens gelangt er daher zu einer Einzigartigkeit, die ihn zugleich aber auch eine entscheidende *weltgestalterische* Aufgabe ermöglicht[10]:

> „Individualität – und damit »er selber« - wird der Mensch allein durch jenes Handeln, in dem er dem Gewissen folgt."[11]

Um die Stellung des Menschen in der oben genannten Spannbreite zu dis-kutieren, stellt Fischer die Frage, ob politische Entscheidungen von den Wissenschaften gefällt werden sollten. Sein Argument besteht nun darin, dass die Wissenschaften politische und die damit verbundenen ethischen Ziele nur nach den Vorgaben ihrer allgemeinen Satzsysteme bestimmen können und nicht nach den je individuellen Erfordernissen des Gewiss-ens. Dieses teilt die Wirklichkeit nicht gemäß seinem Ermessen in Sach-verhalte auf, die der Erfahrungsgewissheit zugänglich sind, sondern in Sollensgehalte des je individuell zu Vollbringenden.

Denn

> „[e]s ist allen Wissenschaften gemeinsam, daß sie die Wirklichkeit, wie sie uns in der Gewißheit gegeben ist,

---

[9] ebenda S.109.
[10] Gemeint ist damit, dass der Mensch nicht nur „Opfer" der Umstände von Systemen ist, sondern seine Umwelt ebenso selbst, nach eigenem Ermessen und gegen bestimmte Gegebenheiten gestalten kann und soll.
[11] Fischer 1999, S.86.

entsprechend bestimmten *Zielsetzungen* darstellen."[12]

Jedoch sieht Fischer in den Wissenschaften auch die Möglichkeit der Ver-wirklichung von Gewissensansprüchen, indem er ihre Wichtigkeit in der Findung der Mittel zur Verwirklichung von Zielen anerkennt. Im Zusammenhang mit dem Gewissen bringt Fischer hier das Ermessen ins Spiel:

> „Das »Ermessen« der günstigsten Bedingung zur Durchführung einer Zielsetzung ist von maßgeblichem Einfluss für deren Erfolg, und das Gewissen, ein Ziel zu verfolgen, enthält daher immer schon auch die Forderung, es *so gut, als irgend möglich ist*, zu realisieren."[13]

Eine nähere Besprechung des Ermessensbegriffes bleibt Fischer weitgehend schuldig. Er versucht aber eine Annäherung, indem er dem Ermessen die Aufgabe zuschreibt, zu klären, „*wie* ein Ziel [...] und *ob* es überhaupt erfüllbar ist"[14]. Es stellt sich daraufhin die Frage, was denn geeignet sei, um moralische Zielsetzungen aufzustellen? Wenn das Gewissen diese Funktion haben soll, dann ist es ein Anreiz, sich noch einmal mit Fischers Gedanken dazu zu beschäftigen.

Interessant ist diesbezüglich Fischers Bestimmung des Begriffes des „*Interesses* von seinem Bezug zur Struktur des Gewissens"[15]. Für Fischer geschieht die Bestimmung des Menschen im Wesentlichen in der Spannung zwischen Gewissen und Gewissheit bzw. Interesse. Er ordnet das Gewissen eindeutig der Individualität des Menschen zu, während ein durch Interessen bestimmtes Menschenbild „nur nach den allgemeinen Eigenschaften dieser Gegebenheiten"[16] definiert wird. Das Befolgen von politischen und wirtschaftlichen Interessen als eine Pflicht des Gewissens anzusehen, ist nach Fischer ein Trugschluss, solange „diese Interessen [...] selber Prinzip der Zielsetzung"[17] sind.

---

[12] ebenda, S.92.
[13] ebenda, S.96.
[14] ebenda, S.98.
[15] ebenda, S.101.
[16] ebenda, S.103.
[17] ebenda.

Was können wir Staatsbürger für die Vereinigung Europas tun?

Dieser Text war vermutlich als ein Zeitungsbeitrag gedacht, was seine Kürze und seine Strukturierung erklärt. Eine zentrale Größe in Fischers Ausführungen zu dem Wege, wie Europa einig zu einem Erfolg gelangen könnte, ist der Begriff des »politischen Gewissens«. Er definiert ihn wie folgt:

> „Wir können den Begriff des politischen Gewissens so fassen, daß sein Anspruch vom Einzelnen den Einsatz für eine allgemeine Sache, die über sein subjektives Interesse hinausgeht, fordert, und das mit der Gewißheit, daß es in ihr um ihn selber geht, er also, indem er für die Gemeinschaft eintritt, zugleich sich selbst gewinnt."[18]

Durch die Erfüllung eines solchen Bildungszieles, und nur dadurch, könne es zu einem Europa kommen, das nicht nur wirtschaftlich und rechtlich eng verbunden ist, sondern auch den Menschen eine Identifikationsmöglichkeit bietet.

Franz Fischer spricht von der Überwindung des „Nationalegoismus" als wichtigem Teilschritt in den Köpfen der Menschen, um „die Grundlage der Willensbildung in den europäischen Nationen"[19] zu gestalten. Zuerst einmal erscheint dieser Gedanke sehr verständlich, wenn nicht sogar sehr sinnvoll.

Der wirklich schmale Grat dieser Diskussion liegt wohl eher darin, das Begriffsverständnis vom Nationalstaat umdefinieren zu wollen. Diese Staatsform hat sich in den letzten 300 Jahren fast überall auf der Welt mit Erfolg durchsetzen können und sie neu zu denken, ist eine schwierige Aufgabe. Nun mag im Kopf eines jeden eine andere Wertschätzung des Gebildes »Nationalstaat« vorliegen, doch eine gemeinsame Bezugsgröße im politischen Handeln ist trotz allem daraus geworden. Wie viel Autorität soll ein Staat aufgeben für die Europäische Gemeinschaft? Soll das Volk darüber bestimmen und wie soll eine Willensbildung stattfinden,

---

[18] ebenda, S.175.
[19] ebenda.

mit der alle zufrieden sind? Fischer muss wohl an eine langfristige Koexistenz von den Nationalstaaten und einem supranationalen Europa gedacht haben, wobei sich die Wahrnehmung dieser Beziehung im Gewissen eines jeden einzelnen Bürgers einer Nation entscheiden solle:

> „Erst dann, wenn analog zum nationalen Gewissen der einzelne bei einem europäischen Anliegen unmittelbar verspürt, daß es ihn in seiner Individualität – nicht nur Deutscher, sondern Europäer zu sein – berührt, erst dann ist es gerechtfertig, von einem europäischen Gewissen zu sprechen."[20]

Franz Fischer bezieht auch bejahend Stellung zu der Frage, ob es für Europa eine gemeinsame Legislative geben soll, jedoch mit einem klar begrenzten Aufgabenkreis, um Zentralisierungsmechanismen vorzubeugen, die die Individualität von Staaten und Menschen unnötig eingrenzen wür-den.

Um Fischers Stellungnahme sinnvoll einzuordnen, betrachte man den Stand der Entwicklung der Europäischen Union um 1960. Um im Nachkriegseuropa für Stabilität und Frieden zu sorgen, sowie den Neuaufbau nach zwei Kriegen zu unterstützen, wurde 1952 die Montanunion begründet, etwas später die Europäische Verteidigungsgemeinschaft und 1957 schließlich die Europäische Wirtschaftsgemeinschaft. Durch eine maßgebende Abstimmungsniederlage in Frankreich kam schon 1954 die sog. europäische Integration zu einem Stillstand und lebte erst mit der Gründung der Europäischen Gemeinschaft im Jahre 1993 wieder auf. Auch ohne einen Blick auf die öffentlichen Diskussionen der Zeit um 1960 in der BRD, könnte man zu der Vermutung kommen, dass es – bedingt durch das plebiszitäre Scheitern in Frankreich – zu einem stiefmütter-lichen Umgang mit dem Thema des europäischen Zusammenwachsens kam. Das soll bis hierhin eine Vermutung sein.

Umso interessanter erscheint doch Fischers geplanter Zeitungsartikel darüber, wie er sich das Zusammenwachsen der Menschen zu einer umfassenden Gewissensgemeinschaft vorstellt. Man kann also konstatieren, dass Franz Fischer entgegen den damaligen Entwicklungen eine positive

---

[20] ebenda, S.176.

Stellung zur europäischen Integration bezieht.

Fischer geht mit der Idee der heutigen Europäischen Gemeinschaft – »in Vielfalt geeint« – konform, in dem er fordert, dass die

> „Bildung [...] nicht so sehr auf die Schaffung eines gemeinsamen Bildungsnenners bedacht sein, als vielmehr die europäische Sache für jede Nation von ihrem Blickpunkt her darstellen [sollte]."[21]

Um den Entwicklungen auf offizieller Ebene entgegenzukommen, plädiert Fischer für eine „Einigung Europas [...] »von unten her«".[22]

---

[21] ebenda, S.177f.
[22] ebenda, S.178.

Von der Notwendigkeit und der Schwierigkeit einer Rezeption der Bildungsphilosophie Franz Fischers

Thomas Altfelix

„Der Mensch will wissen, ehe er weiß, daß er wissen will."
(Friedrich Wilhelm Joseph Schelling)[1]

Einführung: die ausstehende Rezeption der Bildungsphilosophie Franz Fischers

In einer Abhandlung zur Bedeutung des pädagogischen Ansatzes Franz Fischers für „Didaktik und Curriculumforschung" konstatiert Dietrich Benner, dass „[e]ine konkrete Auslegung" des Fischerschen Ansatzes „auf die Schul- und Erziehungswirklichkeit eine »Revolution der Denkungsart« für die gesamte Erziehungspraxis – für die Lehrerausbildung ebenso wie für die Unterrichtswirklichkeit – [hätte] mit sich bringen müssen."[2] Im Konjunktiv dieser Feststellung schwingt die Frage »Was wäre wohl gewesen, wenn ...?« mit. Dabei unterstreicht die Behauptung »hätte [...] müssen« nicht nur die Tragik der zu Unrecht ausgebliebenen »Revolution der Denkungsart«, sondern zugleich auch die hoffnungsvolle Vermutung, dass hier ein nach wie vor realisierbares Potential eines in seiner wahren Auswirkung immer noch unerkannten Ansatzes vorhanden ist. Für Wolfdietrich Schmied-Kowarzik stellt Fischers Denken deshalb „eine unabgegoltene Herausforderung für die bildungstheoretische Diskussion"[3] dar. Denn es handele

---

[1] in: Initia philosophiae universae. Erlanger Vorlesung WS 1820/21, hrsg. v. Horst Fuhrmana, Bonn 1969, S.62.
[2] Dietrich Benner, Bildungstheorie und Curriculum. Zur Bedeutung der Bildungskategorien Franz Fischers für Didaktik und Curriculumforschung, in: Franz Fischer, Darstellung der Bildungskategorien im System der Wissenschaften [3. Band], aus dem Nachlass hrsg., eingeleitet und mit Nachworten versehen v. D. Benner & W. Schmied-Kowarzik, Kastellaun 1975. S.189-221: S.208.
[3] Wolfdietrich Schmied-Kowarzik, Der Anspruch des zweifachen Anderen in der Bildungsphilosophie von Franz Fischer, in: Zeitschrift für Pädagogik, 45/3 (1999), S.343-358: S.357.

sich bei diesem pädagogischen Konzept um ein „Grundgesetz der Bildung".[4]

Zweifellos ist somit die Notwendigkeit einer Fischer-Rezeption im gegenwärtigen Bildungsdiskurs gegeben. Die posthume Veröffentlichung der gesammelten Schriften ist mit den vier Bänden *Darstellung der Bildungskategorien im System der Wissenschaften* (1975), *Die Erziehung des Gewissens* (1979), *Philosophie des Sinnes von Sinn* (1980) und *Proflexion. Logik der Menschlichkeit* (1985)[5] seit nunmehr 20 Jahren abgeschlossen. Trotzdem nimmt das Werk Fischers in pädagogischen Diskursen immer noch eine Randposition ein. Was ist also für die Verzögerung einer effektiven Rezeption dieses Werkes angesichts einer weitverbreiteten Bekanntheit und Anerkennung der Person Franz Fischer durch viele Bildungstheoretiker und –philosophen verantwortlich?[6]

Der Sachverhalt der im Wesentlichen noch ausstehenden Rezeption läßt sich nach meiner Auffassung hauptsächlich auf *zwei* diffizile Aspekte in der Bildungsphilosophie Fischers zurückführen, die einander bedingen

---

[4] Wolfdietrich Schmied-Kowarzik nach: Anne Fischer-Buck & Maren Haesner, Situationen als Ursprung des Bildungsprozesses. Strukturen, Beispiele und Erfahrungen, aufgeschrieben für Sozialpädagogik, Schulpädagogik, Familien und Behörden, Norderstedt 2003, S.19.
[5] Franz Fischer, Darstellung der Bildungskategorien im System der Wissenschaften [3. Band], hrsg. v. D. Benner & W. Schmied-Kowarzik, Kastellaun 1975; Franz Fischer, Die Erziehung des Gewissens. Schriften und Entwürfe zur Ethik, Pädagogik, Politik und Hermeneutik. 2. Band der nachgel. Schriften, hrsg. v. J. Derbolav, Kastellaun 1979; Franz Fischer, Philosophie des Sinnes von Sinn. Frühe philosophische Schriften und Entwürfe (1950 – 1956). 1. Band der nachgel. Schriften mit einer Einleitung und hrsg. v. E. Heintel, Kastellaun 1980; Franz Fischer. Proflexion. Logik der Menschlichkeit. Späte Schriften und letzte Entwürfe 1960 – 1970. Werkausgabe Band IV, hrsg. v. M. Benedikt & W. W. Priglinger, Wien 1985.
[6] Franz Fischer genießt unter Hochschulpädagogen den vage geäußerten Ruf, ein genialer und charismatischer Bildungsphilosoph gewesen zu sein. Jedoch hat dieser Umstand nicht dazu geführt, dass man sich seiner Bildungskonzeption auch systematisch näherte. So konstatiert die ehemalige Fischer-Schülerin Ursula Cillien-Naujeck: „Nachdenklich aber stimmt [...], daß im Unterschied zu jenen, die sich gerade in ihren »Brüchen« nicht nur als Betroffene, sondern geradezu als Repräsentanten des Zeitgeistes zeigten und die darin eben auch »erfolgreich« waren, der fraglos Genialste der in den fünfziger Jahren jungen Pädagogengeneration fast völlig wirkungslos blieb [...]." (Ursula Cillien-Naujeck, Erfolglos zu ihrer Zeit – Die didaktische Konzeption Franz Fischers, in: J. Oelkers, Fachdidaktik und Lehrerausbildung, Bad Heilbronn 1986, S.54-64: S.55).

und deren Klärung generell zu einer konstruktiveren Annäherung an das Denken Fischers führen könnte: Zum ersten dreht es sich um die Diskrepanz zwischen der in ihrer Intention für jeden Menschen unmittelbar zugänglichen und relevanten Botschaft Fischers, dass unsere Überlegungen und Handlungen stets von einer Sinnhaftigkeit ausgehen sollten, und der hermetischen Art und Weise ihrer Vermittlung. Hervorzuheben sind diesbezüglich u. a. folgende Merkmale:

1) Fischers Sprachgebrauch und Darstellungsmethode in der Erläuterung seiner Philosophie und die damit einhergehende Schwierigkeit des Verstehens vieler seiner Gedankengänge
2) Die verhältnismäßig geringe Anzahl der Publikationen zu Lebzeiten[7]
3) Der skizzenhafte Charakter vieler posthum veröffentlichter Schriften[8]
4) Fischers Weigerung, in seiner Spätphase (»Proflexion«) seine früheren oder auch seine zu jener Zeit aktuellen Ideen noch in einer auf wissenschaftliche Vermittlung ausgerichteten Sprache darzulegen[9].

Diese Eigenschaften des Fischerschen Gesamtwerkes führen nun ihrerseits zu anderen Stolpersteinen, wie etwa das oft als problematisch aufgefasste Verhältnis von Glaube und Wissenschaft oder die Gefahr eines Missverstehens des Fischerschen Gewissens als rein ethisch-moralische Instanz, die für eine Bildungskonzeption daher ungeeignet sei[10]. Hierbei

---

[7] Die Anzahl beläuft sich auf lediglich 5 Veröffentlichungen: *Die Erziehung des Gewissens* (1955); *Was ist der Mensch?* (1956); *Systematische Untersuchung zum Affinitätsproblem* (1956); *Die Aporie des Selbst* (1960); *Proflexion und Reflexion. Philosophische Übungen zur Eingewöhnung der von sich reinen Gesellschaft* (1965).
[8] Die *Darstellung der Bildungskategorien im System der Wissenschaften* besteht aus einer Reihe von Halbjahresberichten an die Deutsche Forschungsgemeinschaft und aus Skizzen und Entwürfen, die so nicht für eine Publikation gedacht waren (siehe Fischer 1975). Auch die übrigen Schriften Fischers bestehen großteils aus Skizzen, Fragmenten und Entwürfen.
[9] siehe hierzu: Anne Fischer-Buck, Franz Fischer 1929 – 1970. Ein Leben für die Philosophie, Wien 1987, S.137. Eine Ausnahme stellt Fischers Abhandlung über die *Strukturen der sozialen Logik* (Fischer, 1985, S.572-581) dar. Sie zeugt von den Bemühungen Fischers, seine Proflexionslehre explizit auf seine Pädagogik der Bildungskategorien zurückzubeziehen.
[10] siehe hierzu kritisch widerlegend: Detlef Zöllner, Grenzen der Hermeneutik. Zur intersubjektiven Konstitution der gemeinten Wirklichkeit, in: Franz Fischer Jahrbuch für Philosophie und Pädagogik 9 (2004), S.85-124: S.87f. Fischer selbst betont in den Bildungskategorien ausdrücklich: „Hervorheben müssen wir, daß dieses System [aller Sinnstrukturen bzw. Bildungskategorien] [...] keineswegs *nur einen ethischen Gewis-*

ist jedoch zu beachten, dass solche Einwände – wie ich meine – eher aus dem bereits angesprochenen Vermittlungsproblem resultieren als aus eventuellen Unstimmigkeiten innerhalb der Fischerschen Philosophie.

Der zweite, die Rezeption erschwerende Aspekt hingegen ist grundsätzlicher, weil er nicht die Vermittlung, sondern das der Fischerschen Botschaft zugrundeliegende Prinzip selbst betrifft. Die Schwierigkeit besteht darin, dass Fischer dazu auffordert, den Grundgedanken seiner Pädagogik, die „Theorie des Sinnes von Sinn"[11], d.h., die Vorstellung eines dem menschlichen Wahrnehmen, Denken und Handeln stets *vorausgesetzten und in dessen Vermittlung vorausgesetztbleibenden Sinnes*, zu akzeptieren.[12] Mögliche Schwierigkeiten in der Akzeptanz dieser »Theorie des Sinnes von Sinn« innerhalb heutiger Diskurse über Bildungstheorien lassen sich damit erklären, wie Fischer mit dem Spannungsverhältnis zwischen der empirischen Bildungsforschung und der Bildungsphilosophie hinsichtlich ihres jeweiligen Verständnisses des Bildungsbegriffes verfährt.

Es handelt sich hierbei um das grundlegende Problem einer jeden Bildungstheorie, Bildung adäquat in Relation zu der polaren Spannung zwischen einem Objektivismus (vgl. materiale Bildungstheorien) und einem Subjektivismus (vgl. formale Bildungstheorien) positionieren zu müssen. Fischer sieht hierin zwei „*historische[...] Grundmodelle der Vermittlung*", die unweigerlich dazu tendieren, entweder einseitig im „Eigenwert und Eigenanspruch des Erziehungsobjektes – also des Stoffes" oder im „Eigenwert und Eigenanspruch des Erziehungssubjektes – also des Schü-

---

senssinn expliziert, sondern vielmehr – entsprechend den eigentümlichen Sinnstrukturen aller Bereiche – den je diesen spezifischen, womit u. a. *auch ein ästhetischer, religiöser, rechtlicher, logischer* u. a. m. gemeint sind [Hervorhebung, T.A.]." (Fischer 1975, S.30).
[11] Franz Fischer, Systematische Untersuchung zum Affinitätsproblem, in: Fischer 1980, S.7-54: S.50.
[12] „Unsere Philosophie unterscheidet sich demnach von anderen Erkenntnisarten dadurch, daß sie nicht wie diese auf die Voraussetzung der Sprache in der Darstellung verschiedener Gegenstände hinführt, sondern auf diese Voraussetzung der Sprache selbst reflektiert. [...] Jede dargestellte Voraussetzung von Sinn ist in der Darstellung nur *Sinn von Sinn*, weil die Reflexion selbst Sinn voraussetzt." (Franz Fischer, Das Freiheitsproblem als System des Sinnes von Sinn, in: Fischer 1980, S.89-200: S.94).

lers"[13], die jeweiligen Grundlagen für Bildungsstrukturen erkennen zu wollen. Erstere bezeichnet er als eine »ontologische Kategorienlehre«, weil sie Bildung auf das Sein des Bildungsstoffes zurückführt, während er Letztere als eine »noologische Kategorienlehre« beschreibt, die „die Formen des Denkens zur Voraussetzung" hat.[14] Trotz der in Bildungsdiskursen bereits weitläufig erörterten Defizite eines materialen, *vom Sein des Bildungsstoffes ausgehenden*, oder eines formalen, *im Denken des Bildungssubjektes begründeten* Bildungsverständnisses, haben diese disjunktiven Vermittlungsmodelle dennoch mehreren Versuchen einer Überwindung widerstanden. So konstatiert der Bildungsforscher Clemens Menze:

> „Die Einseitigkeit dieser bildungstheoretischen Entwürfe wurde seit eh und je erkannt, und die Versuche, sie zu vereinen, waren zahlreich. Von den verschiedenen Seiten her wurde berechtigte Kritik an diesen Bildungstheorien geübt, *so daß es in der Gegenwart keinen legitimen Versuch mehr geben kann, durch Synthese dieser beiden Ansätze die gültige Grundstruktur einer Bildungstheorie zu entwerfen* [Hervorhebung, T.A.]."[15]

Denn auf paradoxe Art und Weise sind beide im Verständnis des Bildungsbegriffes gleichermaßen tief verankert. Bildung scheint sich sowohl in äußeren, der Messbarkeit zugänglichen Erscheinungen als *Resultat* zu manifestieren, als auch in einem nur von innen erlebbaren *Prozess* der individuellen Entwicklung.[16] Demnach kann ein Bildungsbewusstsein auf zwei Weisen entstehen: In einer *nach außen gerichteten Suchbewegung*, die sich an Ergebnissen von Bildungsinhalten und −mitteln orientiert und/oder in einer *nach innen gerichteten Suchbewegung*, die um den Gedanken einer unabschließbaren Reflexion über das Verhältnis zwischen Mensch und Welt kreist.

---

[13] Fischer 1975, S.79.
[14] ebenda.
[15] siehe: Clemens Menze, Bildung, Theorie der, in: Enzyklopädisches Handbuch der Sonderpädagogik und ihrer Grenzgebiete. Band 1, hrsg. v. G. Heese & H. Wegener, Berlin-Charlottenburg 1969 [3. völlig neubearbeitete Aufl.], S.366-376: S.367f.
[16] vgl. Manfred Fuhrmann, Der europäische Bildungskanon des bürgerlichen Zeitalters, F.a.M. 2000 [3. Aufl.], S.27f.

Fischer wendet sich trotz der oben skizzierten Schwierigkeiten dem Versuch einer Synthese des materialen und des formalen Bildungsbegriffes unter der Bezeichnung »Bildungskategorie« zu. Bildungskategorial argumentierend stellt er fest, dass es in Bildungsdiskursen im Wesentlichen eine eher empirische – d.h., phänomenal beobachtbare – und/oder eine eher philosophische – d.h., reflexive – Betrachtungsweise von Bildung gibt, dass aber nach wie vor eine *sinntheoretische* fehlt, die Bildung nämlich weder mit Bildungsphänomenen noch mit einem Bildungsdenken, sondern mit der *Frage nach dem Sinn von Bildungsdenken über Bildungsphänomene* zu ergründen versucht.[17] Sofern pädagogische Diskurse jedoch zusehends von einer empirischen Sozial- sowie Lehr-Lernforschung beherrscht werden, scheint sich der Zeitgeist eher gegen Bildungskonzeptionen zu wenden, die diesem zentralen Anliegen Fischers entsprächen. Denn mit der Beantwortung der Sinnfrage würde darauf hingewiesen, dass empirische Forschung ihre eigenen Vorausset-

---

[17] Versuche einer Überwindung des Dualismus wurden bereits unter der Bezeichnung einer kategorialen Bildungstheorie u. a. von Klafki und Derbolav oder unter strukturtheoretischen Gesichtspunkten etwa von Oevermann unternommen. Jedoch ist aus der Sicht des Fischerschen Ansatzes in allen diesen Fällen zu bemängeln, dass sie bezüglich der sinnhaften Aufgegebenheit der Bildungswirklichkeit zu kurz greifen. [Diese wird im Verlauf unserer Darlegungen noch genauer erörtert werden]. Klafki spricht bei der Verschränkung des formalen und des objektiven Moments lediglich von einer Beziehung zwischen dem Menschen und „einer dinglichen und geistigen Wirklichkeit". (Wolfgang Klafki, Das pädagogische Problem des Elementaren und die Theorie der kategorialen Bildung, Weinheim 1964 [3./4. durchgesehene und ergänzte Auflage], S.297). Für Fischer ist die Bildungswirklichkeit jedoch nicht mehr *ontologisch* oder *noologisch*, sondern *sinnhaft*. Derbolav orientiert sich zwar an Fischers Konzept der Bildungskategorien, sieht die Aufgegebenheit der Wirklichkeit aber nicht aus der hegelkritischen Perspektive eines Sinnes von Sinn, sondern in der Hegelschen Formel des »Im-Anderen-zu-sich-selber-Kommens« begründet (Josef Derbolav, Versuch einer wissenschaftstheoretischen Grundlegung der Didaktik (1959), in: D. C. Kochan (Hrsg.), Allgemeine Didaktik. Fachdidaktik. Fachwissenschaft. Ausgewählte Beiträge aus den Jahren 1953 – 1969, Darmstadt 1970, S.31-74. Siehe hierzu auch: W. Schmied-Kowarzik, Fischers Konzeption der Bildungskategorien in ihren Bezügen zur Bildungslehre von Litt und Derbolav, in: Fischer 1975, S.163-188). Oevermann schließlich beschreibt zwar die Notwendigkeit einer dialektischen Zusammenführung von Bildungsphilosophie und empirischer Bildungsforschung – und entspricht hierin prinzipiell Fischers Intention. Jedoch geht auch er lediglich von einer empirisch erforschbaren Wirklichkeit aus, die keinerlei Aufgegebenheit aufweist (vgl. Bernhard Koring, Bildungstheorie und soziologische Bildungskritik, in: O. Hansmann & W. Marotzki (Hrsg.), Diskurs Bildungstheorie I: Systematische Markierungen. Weinheim 1988, S.268-290: S.277ff & S.284).

zungen für die Erfassung so genannter »Erfahrungstatsachen« setzt, ohne diese als solche adäquat – d.h., gemäß ihrem Sinn – zu reflektieren.

Fischers Ansatz unterscheidet sich in seiner Intention aber ebenfalls deutlich vom bildungsphilosophischen, sofern dieser sich auf einen klassisch-neuhumanistischen Bildungsbegriff bezieht.[18] Auch diese Forschung setzt aus sinntheoretischer Perspektive ihre eigenen Voraussetzungen für ihre unterschiedlichen Reflexionen auf das Bildungsgeschehen, ohne wiederum auf jene als solche adäquat – also sinnhaft – zu reflektieren.

Mit Fischers Prinzip des *Sinnes von Sinn* entsteht stattdessen ein drittes Verständnis von Bildung, jenseits der empirischen und philosophischen Betrachtungsweisen, das gerade in dieser Eigenschaft sowohl die Schwierigkeit als auch die Notwendigkeit seines Ansatzes ausmacht. Im folgenden soll diese dritte Ausgangsbasis in groben Zügen erläutert werden.

Bildung kann nicht von der empirischen Betrachtungsweise her gedacht werden, oder: Bildung ist mehr als die Summe messbarer Bildungsphänomene

Aufgabe der empirischen Forschung ist es, „intersubjektiv überprüfbare Daten zur Erklärung menschlichen Verhaltens und damit Möglichkeiten der Vorhersage und der praktischen Anwendung" zu gewinnen.[19] Diese Daten werden im Verlauf einer Untersuchung in Definitionen und Hypothesen gebündelt. Um jedoch »intersubjektiv überprüfbar« zu sein, müssen Definitionen und Hypothesen operationalisiert, d.h., „in forschungstechnisch anwendbare Indikatoren" umgewandelt werden. Dies bedeutet nun, dass „[a]uch abstraktere, nicht unmittelbar erfaßbare Begriffe", wie etwa der Begriff der Bildung, „in konkrete Fragen, Beobachtungseinhei-

---

[18] Derbolav macht dies deutlich, wenn er zu Fischers Pädagogikverständnis schreibt: „Sowenig er die Erziehungswissenschaft auf eine *empirische* Grundlage stellen wollte, sowenig hielt er auch von der Philosophie als einer pädagogischen *Grundlagenwissenschaft*. Pädagogik ist für ihn eine praktische Disziplin mit durchaus empirischen Aspekten. Bei der Zuwendung zu ihrer eigenen Praxis kann sie nicht umhin, am Vermittlungsproblem dialektisch, d.h. *philosophisch* zu werden." (Josef Derbolav, Nachwort des Herausgebers, in: Fischer 1979, S.137-162: S.162).
[19] Ursula Boos-Nünning, Empirie, empirische Forschung, in: Pädagogik aktuell Band 1, hrsg. v. G. Wehle, München 1973, S.45-48: S.45.

ten, Tests usw. »übersetzt«" und somit „methodisch »greifbar« gemacht werden [müssen]."[20] Diese Operationalisierung stellt für Fischer ein Problem dar. Empirische Aussagen über Bildung können immer nur auf Bildungsphänomene verweisen, sofern diese nach bereits festgelegten Kriterien einer bestimmten Definition von Bildung als erfahrbar gelten. Dann aber stellt sich zu Recht die Frage:

> „Wodurch erkennt [die Erfahrungsforschung] bestimmte Erscheinungen als Bildungsphänomene, und wodurch unterscheidet sie diese von solchen etwa biologischer oder psychologischer Art? Muß sie nicht notwendig, schon bevor sie beginnt, eine Bestimmung ihres Erkenntnisgegenstandes voraussetzen, die erst den Weg und die Methode festlegt, gemäß denen sie sich vollziehen kann?"[21]

D.h., in der Operationalisierung des Bildungsbegriffes werden Kriterien ausgewählt, „die ihrerseits nicht selbst Erfahrungstatsachen sind".[22] Die Erfassung unmittelbarer Erfahrungen von Bildung wird also aufgrund von Erfahrungsparametern, die ihrerseits auf nichtempirische Weise vorstrukturiert werden, eingeschränkt und abstrahiert. Somit können jedoch die Untersuchungsergebnisse wiederum niemals Ausdruck von unmittelbaren Bildungserfahrungen sein. Wie Fischer bemerkt, „dort, wo wir eine Frage in Bezug auf irgendeine Gegebenheit formulieren" – d.h., Hypothesen und Definitionen operationalisieren – „haben wir bereits mit der Struktur der gefragten Bedeutung die Richtung möglicher empirischer Antworten vorgegeben, die nicht selbst wieder empirisch ableitbar sind."[23]

Die Empirie fragt nicht nach der Bildung selbst. Sie reflektiert diese nicht im Sinne einer „Grundlagenbesinnung" – d.h., sie betrachtet die Frage nach der Bildung nicht selbst als eine bildungstheoretische Aufgabe[24] – sondern sie versucht, deren Wirkung an partikulären Erscheinungsformen zu messen, deren Erkennung sie bereits an operationalisierten Indi-

---

[20] ebenda, S.47.
[21] Fischer 1975, S.7.
[22] ebenda.
[23] ebenda.
[24] ebenda, S.9ff.

katoren festgemacht hat. So ist es zwar möglich, „daß mit verschiedenen empirischen Betrachtungsweisen an denselben Gegenstand herangetreten werden kann."[25] Das bedeutet aber zugleich, dass z.b. nie das ganze oder eigentliche „Bildungsphänomen des Lernens" erfasst wird. Wie auch immer es gedeutet wird, ob als hirnphysiologisches, lernpsychologisches, anthropologisches etc., „[i]mmer ist es die bereits im vorhinein festgelegte Bestimmung der Erkenntnisrichtung, nach welcher sich die Deutung orientiert [...]."[26] Wenn nun einzelne Bildungsphänomene empirisch nicht in ihrer Wirklichkeit verstanden werden können, so kann Bildung auch nicht induktiv aus einer Zusammenführung ihrer verschiedenen Erscheinungsformen bestimmt werden.[27] Denn auch hier würde die Zusammenführung durch nichtempirische Kriterien vorbestimmt werden.

Diese Kriterien in ihrer Funktion als Voraussetzung für die empirische Forschung zu erkennen, ist deshalb schwierig und notwendig zugleich, weil es – wie Fischer in Anlehnung an Hegel sagt – hierzu der „Anstrengung des Begriffes" bedarf.[28] Es ist in der (Bildungs-) Forschung oft einfacher und ergebnisorientierter, „sich zur Faktizität des eigenen Vermittelns naiv [zu] verhalten"[29], also bei der Erstellung von Hypothesen und Definitionen bezüglich unterschiedlicher Bildungsphänomene von einem Selbstverständnis des Bildungsbegriffes auszugehen und somit einen Operationalismus[30] zu riskieren, als sich auf eine philosophische Begriffsreflexion einzulassen. Aus empirischer Sicht laufe Letztere entweder Gefahr, „in einen endlosen Regress zu führen" oder zu einer „Grübelei – wenn auch scharfsinniger Art" zu werden, „die jedes praktischen Bezuges zur Bildungswirklichkeit entbehrt, und der darum ein öffentliches oder allgemeines Interesse abgesprochen werden muß."[31] Obwohl die Konsequenzen eines derart einseitig empirischen Wissenschaftsverständnisses nicht diskutiert werden müssen (Fischers Kommentar ist hier stark von ironischer Kritik geprägt), sind Bedenken der Bildungsempiriker – wie

---

[25] Fischer 1975, S.7.
[26] ebenda.
[27] ebenda.
[28] ebenda, S.9 & 10.
[29] ebenda, S.9.
[30] In diesem Fall „wird die Bedeutung des Begriffes [...] mit den Operationen, die die gemeinte Erscheinung messen, identisch gesetzt." (Boos-Nünning 1973, S.47).
[31] Fischer 1975, S.8.

im folgenden noch dargestellt werden soll – trotzdem dann gerechtfertigt, wenn die (Bildungs-) Philosophie erstens sich einfach gegen die Empirie zu stellen beabsichtigt[32] und zweitens, nicht wahrnehmen will, dass auch sie ihrerseits mit unreflektierten Voraussetzungen operiert, wenn es um den Sinn von Bildung geht.[33] M.a.W., *eine* Verabsolutierung der Herangehensweise darf nicht einfach durch *eine andere* ersetzt werden.

Bildung kann nicht von der philosophischen Betrachtungsweise her gedacht werden, oder: Bildung ist mehr als die Reflexion über das Denken von Bildung

Die Bildungsphilosophie setzt nach Fischer bei der Erforschung der nichtempirischen Kriterien für die Operationalisierung empirischer Kategorien an. Die dazu erforderlichen »Prinzipien« werden von der (Bildungs-) Philosophie in Form verschiedener Denksysteme geliefert. Fischer betont hierbei, dass »Erkenntnisse« erst aus der philosophischen Reflexion über die Empirie hervorgehen: „Die Feststellung einer Tatsache wird erst zur Erkenntnis, wenn sie gemäß Prinzipien erfolgt, die nicht in gleicher Weise wahrnehmbar sind wie die Eigenschaften dieser Tatsache."[34] Das bedeutet aber auch, dass die (Bildungs-) Philosophie in empirischen Fragestellungen eine Orientierung findet, nach der sie ihre Denksysteme ausrichtet. Verzichtet sie darauf, besteht die Gefahr, dass sie in einen endlosen Regress in der Bestimmung bildungsphilosophischer Prinzipien gerät und dementsprechend das Ergebnis ihrer Reflexion auf den Bildungsbegriff lediglich in seiner Aporie festhält[35]. In diesem Punkt antizipiert Fischer eine Entwicklung, die sich in der Postmodernisierung von Bildungsdiskursen ereignet hat, insofern hier der Bildungsbegriff vor dem Hintergrund der philosophischen Unentscheidbarkeit seiner Bestimmung eine Renaissance erlebt.[36]

---

[32] ebenda, S.10.
[33] ebenda, S.18 & 128f.
[34] ebenda, S.18.
[35] vgl. ebenda, S.7.
[36] siehe u. a. Michael Wimmer, Intentionalität und Unentscheidbarkeit, in: J. Masschelein & M. Wimmer (Hrsg.), Alterität, Pluralität, Gerechtigkeit. Randgänge der Pädagogik, Sankt Augustin 1996, S.59-85 & Jörg Zirfas, Bildung als Entbildung, in: G. Schäfer & Chr. Wulf (Hrsg.), Bild – Bilder – Bildung, Weinheim 1999, S.159-193.

Um den aporetischen Charakter rein bildungsphilosophischer Prinzipien zugunsten pädagogischer Erkenntnisse zu überwinden, muss die Grundlage der philosophischen Denksysteme – das Denken an sich – als Voraussetzung für eine Besinnung auf Bildung fraglich werden. Das erfordert, „daß das Denken – sofern es nicht nur seine Voraussetzung, sondern diese in der Voraussetzungserkenntnis selbst, denken soll – sich gezwungen sieht, seine gewohnte Richtung aufzugeben."[37] Fischers Einwände gegen eine philosophische Erfassung von Bildung sind daher wesentlich schwerer darzustellen als seine Kritik an der empirischen Vorgehensweise. Sie sind in der Hauptsache darauf zurückzuführen, dass die Eigenschaften des Fischerschen Bildungsbegriffs insofern über die des philosophischen hinausgehen, als Fischer die Grundlage für Bildung nicht als eine selbstreflexive im Denken des Bildungsdenkens verankert, sondern als eine sinnreflexive im Sinn, d.h., in der Voraussetzung für das Denken dieses Denkens. Bildung entsteht für Fischer nicht erst in der Reflexion auf das Denken von Bildung, sondern in der dialektischen Beziehung zwischen der Bildungswirklichkeit und diesem Denken (diese Beziehung wird im nächsten Abschnitt ausführlicher erläutert). Die Wichtigkeit dieser Unterscheidung gewinnt erst an Bedeutung, wenn man sich vergegenwärtigt, dass die Grenze des Denkens von Bildungsdenken zugleich die Grenze der (Bildungs-) Philosophie als Disziplin markiert. D.h., „[d]ie Philosophie als Denken dessen was »Denken« ist, als Sprechen dessen, was »Sprechen« ist, denkt mit dem Denken, spricht mit der Sprache", so dass Fischer folgerichtig behaupten kann, dass Denken und Sprache „ihr unvermittelt (absolut) vorausgesetzt [sind]."[38]

Dies hat zur Folge, dass sich rein philosophische Definitionen von Bildung auf ihre Beschaffenheit als ein intellektuelles Phänomen beschränken müssen, weil sie in ihren Darlegungen des Bildungsbegriffes selbst nicht hinter die Kategorie des Denkens gehen können. Jeder Versuch, Bildung begrifflich zu erfassen, muß folglich auf das philosophische Nachdenken über das Bildungsdenken – also auf ein Denken von Denken – hinauslaufen. M.a.W., hinter die Methode des Denkens von Bildung als eines Phänomens des Denkens kann die (Bildungs-) Philosophie nicht

---

[37] Fischer 1975, S.9.
[38] Franz Fischer, Sinn und Wirklichkeit, in: Fischer 1980, S.62-82: S.63.

zurückgehen, da ihre Antwort auf die Frage: »Was ist Denken von Denken?« zwangsläufig »Denken« lauten muß. Nach Fischer fällt die Antwort so aus, nicht etwa weil das Denken sich selbst zur Voraussetzung hätte, sondern weil der Sinn der Frage sich als rein (bildungs-) philosophischer von vornherein zum Fraglichkeitshorizont des (bildungs-) philosophischen Grundbegriffes des »Denkens« begrenzt. Folglich handelt es sich hierbei um eine *selbstreflexive Frageform*, die sich die Voraussetzungen für ihre Antwortmöglichkeiten selbst setzt. Notwendig für einen Fragevorgang, der nach dem *Sinn von Denken* fragt, ist jedoch eine *sinnreflexive Frageform*, die dann geschaffen wird, „wenn das, wonach in ihr gefragt wird, nicht nur als »Vorausgesetztes gesetzt« ist, sondern es zugleich die Voraussetzung selber ist, die die Frage und ihre Lösung erst ermöglicht."39

Wenn eine Frage sich in dieser Weise auf den Sinn ihres eigenen Gestelltwerdens zurückwendet und sich auf diese Weise dem Fragegegenstand des Bildungsdenkens widmet, dann erfassen wir als Fragende Bildung nicht länger selbstreflexiv nur als intellektuelles Phänomen, sondern sinnreflexiv als einen Begriff, der über sich selbst hinausweist, insofern mit seiner Benennung erst seine Wirklichkeit gestiftet wird.40 D.h., während mit dem (bildungs-) philosophischen (also selbstreflexiven) Denken das Denken von Denken nur als Denken und somit auch Bildung lediglich als Phänomen des Denkens erfragt werden kann, wird mit dem sinnreflexiven Denken nicht das Denken von Denken sondern die Wirklichkeit als Sinn des Denkens von Denken und folglich die Bildungswirklichkeit als Sinn des Denkens von Bildungsdenken erfragt. Für Fischer ist dieses Umdenken so bedeutsam, weil dort, wo die sinnreflexive Frage nach der Bildungswirklichkeit gestellt wird, „bereits diese vorgegebene Frage nach dem, was »Bildung« meint, und der Vollzug ihrer Beantwortung genau das erfüllen, was sie zum Inhalt hat. Mit anderen Worten: wir stell[t]en fest, *daß die Bestimmung des Bildungsbegriffes*

---

39 Fischer 1975, S.26. Siehe auch: Franz Fischer, Systematische Untersuchung zum Affinitätsproblem, in: Fischer 1980, S.7-54: S.12 & ders., Das Freiheitsproblem als System des Sinnes von Sinn, in: Fischer 1980, S.89-200: S.92.
40 Detlef Zöllner, Sinn und Existenz. Über den problematischen Status von Wirklichkeit, in: Franz Fischer Jahrbuch für Philosophie und Pädagogik 1 (1996), S.34-38: S.37

selbst ein Bildungsgeschehen ist [...]"[41], über welches zwar philosophisch nachgedacht und gesprochen, aber somit nicht in seiner Wirklichkeit erfasst werden kann.[42]

In der Anstrengung Fischer nicht nur über die Empirie, sondern auch über die (Bildungs-) Philosophie hinaus zu folgen, liegt sowohl die Schwierigkeit als auch die Notwendigkeit einer wirksamen Rezeption. Denn sie erfordert eine Überwindung des Denkens von Denken als eines endlosen Regresses hin zum Sinn von Denken als einer absoluten Voraussetzung. Für Fischer ist das der Schritt von der Philosophie zur eigentlichen Pädagogik:

> „Verhält sich die Philosophie als Prinzipienwissenschaft *negativ* zu den empirischen Wissenschaften, ist es jeweils eine *Negation* der Mittelbarkeit jeder einzelnen empirischen Wissenschaft, durch die die Unmittelbarkeit dieses Bereiches als Prinzip, sei es als Geist, als Denken, als Sein, formuliert, so verhält sich die Pädagogik [...] *positiv* zu den empirischen Wissenschaften, in dem sie die *positive* Voraussetzung, den vorausgesetzten, gemeinten Sinn [...] zu entwickeln versucht [Hervorhebung, T.A.]."[43]

Fischer gebraucht also die Begriffe »negativ« und »positiv«, um diesen Übergang zu beschreiben. Im folgenden soll genauer erläutert werden, welche zentrale Bedeutung Negativität und Positivität für das Denken Fischers besitzen.

Die Entstehung der Bildung aus der Positivität der Wirklichkeit

Den Ausgangspunkt für den Fischerschen Ansatz bildet die Bildungswirklichkeit, die weder in der empirischen Erfassung von Bildungsphänomenen noch in der philosophischen Erfassung von Bildungsdenken eingeholt, sondern nur als Voraussetzung beider Methoden gedacht wer-

---

[41] Fischer 1975, S.13.
[42] ebenda, S.41.
[43] ebenda, S.99.

den kann.⁴⁴ Bildung besteht für Fischer also darin, die Sinnreflexion, den Gedanken des *Vorausgesetztbleibens* von Sinn, nicht nur auszuhalten, sondern als Grundlage von Bildung anzuerkennen!

Um besser zu verstehen, wodurch sich Fischers »Pädagogik« von anderen Pädagogiken abhebt, muss sein Hauptanliegen, Bildung nicht länger in der *Negativität des Denkens* (Selbstreflexion), sondern in der *Positivität der Wirklichkeit* (Sinnreflexion) zu suchen, genauer betrachtet werden. Wie ist nun diese alternative Ausgangsbasis einer *Positivität* zu verstehen? Hilfreich ist diesbezüglich ein Rückgriff auf den Philosophen Friedrich Wilhelm Joseph Schelling (1775-1854), dessen Spätphilosophie eine enge Verwandtschaft mit Fischers Denken aufweist.⁴⁵ Schelling differenziert zwischen einer »negativen« und einer »positiven Philosophie«:

> „Negativ ist jene, insofern sie absieht von der Frage nach dem, was je konkret wirklich, was faktisch ist, und sich als System der Frage nach dem »Überhaupt«, der Frage: »Was kann sein« [...] entwickelt, also das System des Wesens und nicht der realen Existenz, des Was und nicht des Daß, der Notwendigkeit des Denkens und nicht der Freiheit des Seins ist. Positiv ist die andere, insofern sie, aufbauend auf und in Ergänzung zu jener, das, was nicht nur möglich, sondern wirklich (geworden) ist, zur Darstellung bringt."⁴⁶

---

⁴⁴ Fischer bezeichnet „dieses eigentümliche Verhältnis" als „Erziehungsphilosophie" oder „Bildungstheorie" (ebenda, S.41). In der spezifischen Gegenüberstellung mit der Philosophie spricht er aber auch von „Pädagogik" (ebenda, S.39f). Für die weiteren Überlegungen werde ich deshalb diese Bezeichnung verwenden.
⁴⁵ Wolfdietrich Schmied-Kowarzik hat bereits mehrmals auf diese Verbindung hingewiesen (siehe: Wolfdietrich Schmied-Kowarzik, Sinnreflexion – Gewissen – Bildungssinn – Gegenseitigkeit, in: Franz Fischer Jahrbuch für Philosophie und Pädagogik 5 (2000), S.13-30: S.17; ders., Bildung, Emanzipation und Sittlichkeit, Weinheim 1993, S.180 & ders., Bruchstücke zur Dialektik der Philosophie. Studien zur Hegel-Kritik und zum Problem von Theorie und Praxis, Kastellaun 1974, S.158). Siehe hierzu auch Fischers Würdigung Schellings im Rahmen seiner Darlegung der Sinntheorie: „Das Affinitätsproblem erfährt in der späten Philosophie Schellings im Sinne unserer Darlegung ihrer Gedankenbewegung wohl eine grundlegende motivliche Bereicherung [...]." (Fischer 1980, S.46).
⁴⁶ Albert Franz, Philosophische Religion. Eine Auseinandersetzung mit den Grundlegungsproblemen der Spätphilosophie F.W.J. Schellings, Amsterdam 1992, S.74f.

Negativität meint also – und hierin erweist sich Schellings Denken als ein, dem Deutschen Idealismus (u.a. Kant, Fichte, Hegel) Zugehöriges – dass das Wesen der Dinge uns in der Weise gegeben ist, wie es sich unserer Vernunft gemäß den Möglichkeiten unseres Denkens als das Erdenkliche oder Denkbare darbietet.[47] Mit Hegel gesprochen sind die Dinge uns nur in der Negation gegeben, weil sie unserem Bewusstsein nicht in ihrem unabhängigen Sein – ihrem An-sich-Sein –, sondern lediglich in ihrer Erscheinung für uns – also ihrem Für-andere-Sein – zugänglich sind. Diese Erscheinung des Für-andere-Seins ist die Verneinung (Negation) ihres Wesens in ihrem An-sich-Sein, sofern die Erscheinung nicht das Wesen ist. Da aber nur Erscheinung und Wesen zusammen den Dingen wahrhaftig entsprechen, verneint unser Denken auch die Negation der Erscheinung, so dass die Dinge schließlich als Begriffe in ihrem Für-sich-Sein in unser Wissen eingehen. In dieser (doppelten) Negation wird also das An-sich-Sein der Wirklichkeit im Denken des Für-sich-Seins *aufgehoben*.

Der Begriff der *Aufhebung* selbst stellt vielleicht am anschaulichsten dar, was mit der Beziehung zwischen der Negation und dem Denken gemeint ist. Hegel gebraucht ihn im vollen semantischen Umfang. Das bedeutet, dass etwas durch eine *Aufhebung* im Sinne einer Verneinung (negare) im Denken *aufbewahrt* (conservare) und somit zum Wissen *erhoben* (elevare) wird. Aufhebung versinnbildlicht das Prinzip der Negation als eine Verinnerlichung (Immanentisierung) von Welt im Denken bzw. Wissen.

Für Schelling ist diese »negative Philosophie« Hegels aber in der Hinsicht ein Problem, dass sie „von dem bloß im Denken Seienden" ausgeht[48] und die Wirklichkeit der Dinge nicht in ihrer unvordenklichen Existenz erfassen kann. Dies sei die Aufgabe einer »positiven Philosophie«, die somit ihren Ausgang nicht mehr im Denken und in der Erfahrung nimmt, sondern sich auf „das schlechterdings transzendente Sein"

---

[47] vgl. Franz Josef Wetz, Friedrich W.J. Schelling zur Einführung, Hamburg 1996, S.199ff.
[48] Friedrich Wilhelm Joseph Schelling, Philosophie der Offenbarung, in: Werke. Münchner Jubiläumsdruck, nach der Originalausgabe in neuer Anordnung, hrsg. v. M. Schröter, München 1965 (1927), S.126.

bezieht.[49] Hierin – so läßt sich behaupten – ist die Bildungstheorie bis zu Franz Fischers Verfassung der *Erziehung des Gewissens* und der *Bildungskategorien* Schelling jedoch kaum gefolgt![50] Der Grund für das Absehen von der *Positivität der Wirklichkeit* als eigentlicher Quelle der „Kategorien des Bildungssinnes", die nach Fischer erst die „Bedingungen der Möglichkeit des Menschen als Menschen" konstituieren[51], ist die in der klassisch-neuhumanistischen Tradition allgemein vollzogene Verknüpfung von Bildung mit der *Negativität des Denkens*. Im Rahmen der hier vorgetragenen Überlegungen kann die Entwicklung dieses Bildungsbegriffes nicht näher ausgeführt werden.[52] Statt dessen soll die hier gewählte Gegenüberstellung von Hegel und Schelling gewissermaßen die Weichenstellung für diese Entwicklung andeuten, insofern Hegel einen dialektischen Bildungsbegriff inspiriert hat, der maßgebend für das moderne Bildungsverständnis geworden ist, während Schelling in Diskursen über den Bildungsbegriff nach wie vor eine Nebenrolle spielt.

Fischer knüpft in seinem Denken an beide Philosophen an, räumt jedoch Schellings Konzept der Positivität gegenüber der Negativität Hegels auf entscheidende Weise Priorität ein.[53] Diese Konstellation kommt darin

---

[49] ebenda, S.127.
[50] Resümierend stellt z.B. Karl Albert fest: „Noch wenig erforscht ist die Wirkung der Schellingschen Philosophie auf die Pädagogik. Die meisten Darstellungen der Geschichte der Erziehung und der Erziehungstheorien gehen auf dieses Thema nicht näher ein. Nur bei Fröbel (1782 – 1852), bei dem es sich wirklich nicht umgehen läßt, wird auf die Einflüsse der Philosophie Schellings hingewiesen. Es wäre wünschenswert, daß auch noch andere, von Schelling beeinflußte Pädagogen stärkere Beachtung fänden, so vor allem Friedrich Heinrich Christian Schwarz (1766 – 1837), Johann Baptist Graser (1766 – 1841) und besonders Johann Jakob Wagner (1775 – 1841) mit seiner »Philosophie der Erziehungskunst« aus dem Jahre 1803. Hier gibt es gewiß noch mancherlei zu entdecken, was der historischen Pädagogikforschung bisher entgangen war." (Karl Albert, Philosophie der Erziehung, Sankt Augustin 1990, S.71.
[51] Fischer 1975, S.4.
[52] Verwiesen sei hier auf H. Röhrs' bildungsphilosophische Erörterungen des Bildungsbegriffes (Wesen und Aufgabe der Bildungsphilosophie (1967) & Bildungsphilosophische Aspekte der Gegenwart (1968), beide in: Hermann Röhrs (Hrsg.), Bildungsgeschichte und Bildungsphilosophie, Weinheim 1999, S.425-456 & S.457-463). Dem „deutschen Bildungsbegriff" wird im Rahmen dieser Darstellungen ein „abstrakter Idealismus" attestiert, „der seine Inhaltlichkeit aus der dichterischen, philosophischen und pädagogischen Reflexion ohne empirische Ausweitung und Kontrolle bezieht" (ebenda, 1968, S.461).
[53] „Wenn der Geist zu sich kommt, so bedeutet das, daß das Denken zu sich kommt. Und zwar kommt es deshalb zu sich selbst, weil es immer schon bei sich ist. Es denkt

zum Ausdruck, dass Fischer Bildung als das Hineinwirken der *Positivität der Wirklichkeit* in die *Negativität des Denkens* definiert. Da die Bildungswirklichkeit hier auf zwei Weisen gemeint ist – nämlich in einer direkten, unmittelbaren des Erlebens (positiv) und in einer indirekten, mittelbaren des Denkens (negativ), ist sie uns auch auf zwei Weisen gegenwärtig: Als uns *unmittelbar vorgegeben* und als uns *mittelbar gegeben*. So erklärt Fischer: „Es ist durchaus zu unterscheiden, ob wir uns zur Wirklichkeit theoretisch verhalten und ihre Wahrheit erkennen wollen oder ob wir die Wirklichkeit als eine praktisch-ethische Forderung auffassen, die nicht zu erkennen, sondern gegenüber dem je bestimmten Du zu vollbringen ist." Er nennt Erstere eine „theoretisch begriffene[...] – *empirisch* und *philosophisch* erkannte[...] [Hervorhebung, T.A.]" und Letztere eine „praktisch-positive[...] Wirklichkeit".[54]

In dieser doppelt verstandenen Wirklichkeit ist nur dann ein Bildungssinn enthalten, wenn diese nicht nur im vollen Umfang ihrer Positivität und Negativität erfasst, sondern auch in der richtigen Beziehung dieser beiden Aspekte zueinander wahrgenommen wird.[55] D.h., die Negativität fungiert stets als Ableitung der Positivität und nicht als deren Bestimmung. Wird dieses Verhältnis nicht verstanden und die »praktisch-positive« Bildungswirklichkeit auf ihre »empirische« und/oder »philosophische« Auslegung reduziert bzw. hypostasiert, handelt es sich nach Fischer im vollen Wortsinn um eine „Halbbildung".[56] Parallelen zu Adornos *Theorie der Halbbildung* existieren hier durchaus. Das Bildungssubjekt steht in der »positiven Wirklichkeit«. Indem es nun darüber reflektiert, distanziert es sich von ihr und begibt sich in die »negative Wirklichkeit«. Dabei entsteht die Gefahr, dass es so die unmittelbare Beteiligung an Ersterer und die damit verbundene praktisch-ethische Aufforderung, in ihr zu handeln, vergisst. Dies ist gerade in der Wissenschaft häufig der Fall: Der Wissenschaftler verwechselt leicht sein Wissen über die

---

immer sich selbst, und so hat Hegel gesagt, in allen Gedachtheiten, die es gibt, kommt das Denken zu sich, indem es erkennt, daß die Wahrheit dieser Welt darin besteht, daß sie gedacht ist. Dies ist natürlich das Ende aller Positivität. Die Positivität lebt gerade davon, daß dem Denken etwas zuwächst, das nicht aus ihm selber kommt." (Fischer 1975, S.131).
54 Franz Fischer, Die Substanz muß Subjekt werden, in: Fischer 1980, S.55-62: S.55.
55 Vgl. Fischer 1975, S.44.
56 Franz Fischer, Die Erziehung des Gewissens. Ein Vortrag, in: Fischer 1979, S.68.

»negative Wirklichkeit« mit der (positiven) Wirklichkeit an sich.[57] Denkmodelle repräsentieren dann nicht mehr, sondern präsentieren die positive Wirklichkeit. Dabei wähnt sich der Forscher außerhalb dieser Wirklichkeit und distanziert sich somit nach Fischer auch von deren Bildungssinn. Damit das Bildungssubjekt nicht in der *Negativität des Denkens* verharrt, sondern sich der *Positivität der Wirklichkeit* zuwendet, muß es stets dem Sinn der empirisch-philosophischen Wirklichkeit den Sinn der praktisch-positiven Wirklichkeit voraussetzen. Bildung konstituiert sich demnach in der Frage nach dem praktisch-positiven Sinn des empirisch-philosophischen Sinnes.

Bildung als Sinn von Sinn: die Logik des Einfalls

Die Hinführung zur pädagogischen Erkenntnis des Sinnes von Sinn als eigentlichem Bildungssinn ist anspruchsvoll. Auch Fischer war sich der Problematik des Verstehens bzw. Missverstehens seiner Arbeit bereits in den 1950ern sehr bewusst. Zu Beginn seiner Ausführungen zu den *Bildungskategorien* rechtfertigt er die komplexe Herangehensweise seines bildungsphilosophischen Denkens mit der Bemerkung, dass diese aufgrund der Art und Weise ihrer Fragestellung zwangsläufig

> „zu einer Esoterik führen [muß]; zu einer Esoterik, die ihre Ursache weniger darin besitzt, dass ihre Gedankenbewegungen nicht in ihren Argumenten argumentativ entwickelt wäre, als eben darin, dass ihre Struktur das Denken in eine seinem gewohnten Verlauf gänzlich ungewohnte Richtung lenkt, was dann die Einschränkung ihrer möglichen Kommunikation zur Folge hat."[58]

Zu dem möglichen Vorwurf, dass diese potentiellen Verständnisschwierigkeiten etwa die Gültigkeit seiner Bildungstheorie an sich in Frage stellen könnten, entgegnet Fischer nun mit dem Argument, dass „[d]ie *logischen* Bedingungen einer Kommunikation von den *psychologischen* zu unterscheiden [sind] [Hervorhebung, T.A.]."[59] Damit meint er, dass Erstere die „Schlüssigkeit" „einer Gedankenbewegung" betreffen, während

---

[57] vgl. Fischer-Buck & Haesner 2003, S.35.
[58] Fischer 1975, S.10.
[59] ebenda.

Letztere „den faktischen Nachvollzug" anbelangen. Hierbei ist für ihn nun entscheidend, dass „[i]n wissenschaftlicher Hinsicht nur die logischen von Relevanz [sind], und der gültige Einwand gegen sie dann auf der Ebene des Nachweises eines logischen Widerspruches in der Folge der Momente der Untersuchung [läuft]."[60]

Fischer ist also der Auffassung, dass es grundsätzlich am Leser bzw. Forscher ist, dem Anspruch einer Aussage gerecht zu werden und nicht umgekehrt am Urheber der Theorie, diese dem Anspruch des Lesers bzw. Forschers unterzuordnen – vorausgesetzt, die Theorie besteht aus einem logisch aufgebauten Gedankengerüst. Fischer ist im Falle seiner eigenen Pädagogik von ihrer Logik überzeugt. Doch welcher Logik folgt er und woran ist die Richtigkeit dieser Logik zu messen?

Aus seinen Anmerkungen wird deutlich, *dass er nicht will, dass seine Botschaft sich zur Subjektivität der menschlichen Auffassungsgabe – zur Psycho-Logik – des Lesers bzw. Forschers begrenzt. Ihm ist in umgekehrter Weise daran gelegen, dass der Anspruch des Verstehens sich zur Nachvollziehbarkeit der Theorie aufgrund der in ihr inhärenten Logik erstreckt.*[61] Dieser Standpunkt darf nicht mit der Überheblichkeit eines Fachmannes verwechselt werden, dessen Überzeugungen ihn andere Interpretationsmöglichkeiten übersehen lassen. Fischer betrachtet zwar die Theorie als sein Erzeugnis, nicht aber die ihr zugrundeliegende Logik. Diese ist „nicht irgendwie ausgedacht"[62], sondern folgt der Erkenntnis, dass der endgültige persönliche Nachvollzug des Lesers bzw. Forschers nicht von Fischers Texten, Worten und Argumenten abhängig gemacht werden kann, sondern von einem „Miterfinden"[63], das sich erst einstellt, wenn der Leser bzw. Forscher diese Logik „nur als »*seine* Frage« er-

---

[60] ebenda, S.10f.
[61] Aus einem von Fischer in den frühen 1950ern verfassten Referat über „Antinomien" geht hervor, dass er mit der Unterscheidung von »logisch« und »psychologisch« auf die Differenzierung zwischen ungegenständlicher Form und gegenständlichem Inhalt anspielt: „Form ist, *daß* ich das Urteil, den bestimmten Inhalt, denke, dieses »daß ich denke« nicht psychologisch, sondern als logischer Modus der Gewißheit des Daßseins gedacht." (Franz Fischer, Antinomien, in: Franz Fischer Jahrbuch für Philosophie und Pädagogik 1 (1996), S.16-29: S.23.).
[62] Fischer 1975, S.128.
[63] ebenda, S.109.

kennt" und sie „in seine eigene Entscheidung aufzunehmen und damit auch für diese Sache einen Zugang der eigenen unmittelbaren Gewißheit zu finden", bereit ist.[64]

Es dreht sich bei dieser Art des Nachvollzuges folglich um etwas, das unser subjektives Verständnis als Leser bzw. Forscher zwar grundsätzlich zu weiteren Hypothesenbildungen motiviert, aber dadurch nie wissenschaftlich bzw. intellektuell erschöpfend eingeholt werden kann. M.a.W., es handelt sich hier um ein Prinzip, das ein Denken inspiriert, welches sich nicht aus sich selbst erzeugt, sondern einem »einfällt« und zwar im Sinne eines »Einfallens« *einer unserem Verstand transzendenten Logik* in unser Bewusstsein und welche daher nie vollständig »psychologisch« vermittelt werden kann. Die von Fischer entdeckte Logik ist also eine *Logik des Einfalls*. Wie äußert sich diese Eigenschaft in Fischers Pädagogik?

Der Mitbegründer der philosophischen Anthropologie, Helmuth Plessner, beschreibt das Prinzip des Einfalls im Rahmen seines zweiten anthropologischen Grundgesetzes der »vermittelten Unmittelbarkeit« folgendermaßen:

> „Das Geheimnis des Schöpfertums, des Einfalls besteht in dem *glücklichen Griff* [...]. Nicht das Suchen nach etwas Bestimmtem ist das Prius der eigentlichen Erfindung, denn wer nach etwas sucht, *hat* in Wahrheit schon gefunden. [...] Der Mensch kann nur erfinden, soweit er entdeckt. Er kann nur das machen was es »schon« an sich gibt."[65]

Für Fischer ist diese *Logik des Einfalls* daher auch gleichbedeutend mit der Frage nach dem *Sinn des Sinns*.[66] Alltagssprachlich sagen wir des öfteren »etwas ergibt oder macht Sinn«. Aus dieser Formulierung geht bereits hervor, dass nicht wir die Urheber von Sinn sind, sondern »etwas«. Dieses »Etwas« ist der *Einfall*, der sich zwischen der heteronomen Ein-

---

[64] Franz Fischer, Was heißt: die Wahrheit sagen?, in: Fischer 1979, S.44-55: S.51.
[65] Helmuth Plessner, Die Stufen des Organischen und der Mensch, Berlin 1975, S.322 & S.321.
[66] Fischer 1975, S.91.

gebung und dem autonomen Gedanken ereignet.⁶⁷ Sinn kann niemals von unserem Denken alleine erzeugt werden, sondern entsteht grundsätzlich an der Schnittstelle zwischen uns und einer uns betreffenden Konstellation von Umständen, die wir als Situation erfahren. Was unserer Erfahrung also zugänglich ist, ist prinzipiell sinnhaft. Entsprechend bemerkte der kürzlich verstorbene Philosoph Jacques Derrida: „Jede Erfahrung ist Erfahrung des Sinns. Alles, was dem Bewußtsein erscheint, alles, was für ein Bewußtsein im allgemeinen bestimmt ist, ist *Sinn*."⁶⁸ In dieser Formulierung wird Sinn implizit in zwei Eigenschaften aufgeteilt. Einerseits ist es unsere Erfahrung, die Sinn erzeugt. Andererseits ist Sinn als etwas, das »für unser Bewußtsein bestimmt ist«, immer schon unabhängig von seinem Erfahrenwerden vorhanden. Derrida deutet damit an, was Fischer als *Sinn von Sinn* bezeichnet.

Sinn besitzt für Fischer zwei Dimensionen: eine »positive« (bewusstseinstranszendente) und eine »kognitive« (bewusstseinsimmanente).⁶⁹ Beide Dimensionen treten im Rahmen der Sinnvermittlung in eine konkrete Beziehung zueinander. Denn

„[d]iese Vermittlung [...] ist sowohl durch die Transzendenz des Sinns zu ihr, als auch durch die Immanenz des Denkens in ihr gekennzeichnet, wobei sich diese Immanenz – also das »Sich-denken-können« – aber erst aus der Transzendenz – ihrem »Sich-von-dieser-auf-sich-beziehen-können« – ihre Möglichkeit und ihren »Sinn« erhält."⁷⁰

Das bedeutet, Sinn ist uns in der Unmittelbarkeit einer jeden uns betreffenden Situation stets *vorgegeben* und in unserem Bewusstsein als Gegenstand unseres Denkens *gegeben*. Was beide Sinndimensionen miteinander verbindet, ist der *Anspruch der Wirklichkeit*. Anspruch meint hier im doppelten Sinne nach Waldenfels das, „was uns anspricht und im

---

⁶⁷ Zum Doppelsinn von »Einfallen« aus der Sicht der „Gottesproblematik" als Eingebung und Gedanke zugleich, siehe: Wolfdietrich Schmied-Kowarzik, Denken aus geschichtlicher Verantwortung. Wegbahnen zur praktischen Philosophie, Würzburg 1999, S.282.
⁶⁸ Jacques Derrida, Positionen, Graz/Wien 1986 (Französische Originalausgabe, 1972), S.72.
⁶⁹ Fischer 1975, S.1ff.
⁷⁰ ebenda, S.17.

Anspruch einen Anspruch erhebt."[71] Entsprechend differenziert auch Fischer zwischen dem „Angesprochenwerden des Selbst durch den aufgegebenen Sinn der Wirklichkeit" und dem „Anspruch der aufgegebenen Wirklichkeit als Beweggrund für mögliche Motive in konkreten Situationen".[72] D.h., es konstituiert sich eine Sinndialektik zwischen dem, in der Situation sich offenbarenden *positiven Sinn* als Anspruch, sinnvoll zu handeln und dem, in der Erfahrung sich manifestierenden *kognitiven Sinn* als Erkennen oder Erspüren dieses Anspruchs.

Die Notwendigkeit und die Schwierigkeit der Rezeption dieses sinndialektischen Ansatzes zeigen sich darin, dass der positive Sinn nicht vom kognitiven Sinn her gedacht werden kann, sondern jenem stets unmittelbar vorausgesetzt bleibt: „Von meinem Ansatz aus gesehen ist das Denken oder die Reflexion das Menschliche, das Selbstverhältnis, während der Sinn das Göttliche ist. Der Sinn ist dem Denken vorausgesetzt."[73] Dieses unüberwindbare Angewiesensein des kognitiven Sinns (des »Denkens«) auf den positiven Sinn ist damit zu erklären, dass der Anspruch der gesamten Wirklichkeit als der ganze positive „Sinn aus sich selber" (das »Göttliche«)[74] uns aufgrund der „Standortbezogenheit oder *Aspektbezogenheit*"[75] unserer raumzeitlichen Verortung als sinnerfahrende Individuen grundsätzlich nur situativ und ausschnitthaft treffen kann. Deswegen zeigt sich uns der positive Sinn, den Fischer u. a. auch als „Bildungssinn"[76], „Wirklichkeitssinn"[77] oder als „Voraussetzungssinn"[78] bezeichnet, in der Form einer Offenbarung[79]. Fischer betont, dass wir niemals die Offenbarung des Sinnes aus sich selber vorwegnehmen können. Denn „[...] wo der Sinn von Sinn auf den Sinn aus sich selber stößt, [...] *kann er nur warten, daß der Sinn aus sich selber sich sagt* [Hervorhebung, T.A.]."[80]

---

[71] Bernhard Waldenfels, Topographie des Fremden. Studien zur Phänomenologie des Fremden 1, Frankfurt a.M. 1997, S.51.
[72] Fischer 1975, S.108.
[73] ebenda, S.131.
[74] ebenda, S.18, S.101, & S.127.
[75] Fischer 1979, S.48.
[76] Fischer 1975, S.2f, passim.
[77] ebenda, S.2f.
[78] ebenda, S.12 & S.16.
[79] ebenda, S.28 & S.132.
[80] ebenda, S.127.

Besonders deutlich wird das *Vorausgesetztbleiben* des positiven Sinns, wenn wir meinen, ihn vom kognitiven Sinn aus in Form der Frage erfassen zu können. Der „Fragesinn"[81] stellt gewissermaßen das Bindeglied zwischen den beiden Sinndimensionen dar, insofern das Fragen sowohl auf ein Vorwissen als auch auf ein Nichtwissen basiert: „Das »Meinen« einer Frage ist ein Meinen, das einerseits weiß, was sie meint, aber andererseits zugleich dadurch bestimmt ist, es nicht zu wissen."[82] Dabei ist jedoch nach Fischer folgendes zu bedenken: „Sofern aber diese Frage je erst eine neue Reflexion ermöglicht[...], [ist] *sie nie nur theoretisch vom früheren Reflexionsniveau aus abzuleiten* und wo neue »Fraglichkeit« auf[bricht], hat[...] dies stets auch einen *schöpferischen Ursprung* [Hervorhebung, T.A.]."[83] D.h., durch das Erfragen eines Sachverhaltes wird sein Sinngehalt zwar stufenweise „offenbarer"[84], er konkretisiert sich, wird dadurch aber auch komplexer.[85] Trotzdem wird er nicht eingeholt, sondern manifestiert sich in weiteren Sachverhalten in der Weise einer „logische[n] Struktur der Handlungsmotivationen [vgl. horizontale Bildungskategorien, T.A.] und der Grundlagenbesinnung [vgl. vertikale Bildungskategorien, T.A.]."[86] Das Prinzip *Sinn von Sinn* besagt also: Was sich außerhalb unseres Bewusstseins befindet – der positive Sinn der Wirklichkeit – kann niemals adäquat in seiner Unmittelbarkeit (d.h., in seinem *Vorausgesetztbleiben*) in den kognitiven Sinn unseres Bewusstseins hineingeholt – also mittelbar gemacht – werden. Es bleibt ihm immer transzendent. Und der durch den Fragesinn initiierte Transfer von der einen Sinndimension zur anderen ist von einem äußeren Impuls – dem »schöpferischen Ursprung« – abhängig. Auch hier ist evident: Die Logik des Einfalls entspricht der Frage nach dem Sinn von Sinn.

In der Bewusstseinstranszendenz des positiven Sinnes zeigt sich nun offenkundig die Schwierigkeit der Rezeption der Sinndialektik. Worin besteht aber die Notwendigkeit? Sie ist in der anthropologisch verankerten

---

[81] ebenda, S.17 & S.21f.
[82] ebenda, S.16f.
[83] Fischer 1980, S.12.
[84] Fischer 1975, S.127.
[85] ebenda, S.150.
[86] ebenda, S.11.

Eigenschaft dessen zu finden, was Fischer „Aufgegebenheit" nennt.[87] Für ihn ist die Erkenntnis, dass Sinn unserem Bewusstsein sowohl *vorgegeben* als auch in ihm *gegeben* ist, von zentraler Bedeutung.[88] Die Vorstellung, dass die uns in unserer Sinneswahrnehmung als auch in unserem Denken und Sprechen *gegebene* Wirklichkeit grundsätzlich in einer uneinholbaren Distanz zur Situation als dem uns in der Wirklichkeit *Vorgegebenen* steht, ist für Fischer der zentrale Anlass, von einem Gewissen auszugehen. Dieses Gewissen konstituiert sich darin, dass der Mensch in der Differenz zwischen *Gegebenheit* und *Vorgegebenheit* eine *Aufgegebenheit* erkennt, die ihm ermöglicht, die Selbstbegrenzung des eigenen Bewusstseins zur äußeren Wirklichkeit als etwas Sinnhaftes zu begreifen. Diese Selbstbegrenzung ist vor allem deshalb sinnhaft, weil sie dafür Sorge trägt, dass wir nicht der Täuschung erliegen dürfen, die Wirklichkeit – und damit meint Fischer den Anderen als Du – in unserem Bewusstsein je aufbewahren, festhalten (d.h., zum Stillstand bringen) und somit kontrollieren zu können.[89] Das Gewissen bedeutet in diesem Zusammenhang, die eigenen Vorstellungen von sich selbst, vom Anderen und von der Welt nach den Möglichkeiten des Anderen auszurichten. Indem wir uns zum Mittel für den Anderen und nicht den Anderen zum Mittel für unsere Zwecke zu machen,

> „erfahren wir in ihm *den Anderen, der wir selbst, nach der Grenze in uns selbst, sind.* Als »unser« Anderer *aufgegeben,* haben wir ihn als »Du« nach *seiner* Möglichkeit, nach *seiner* Grenze in sich selbst, zum Gewissen. Wir [...] haben somit *seine* »*Aufgabe*«, sein Sichgegebensein zu *unserer* »*Aufgabe*« [...]."[90]

Die Aufgegebenheit ergibt sich an der Kreuzung der sogenannten »horizontalen« und »vertikalen« Koordinaten des Bildungssinnes.[91] Die Horizontalen betreffen ein „System des Sich-sinnvoll-Werdens des Selbst".[92] Hier handelt es sich um eine „Methodik", verstanden als ein System des

---

[87] ebenda, S.83 & S.152ff.
[88] vgl. ebenda, S.17.
[89] Denn somit stünde „dem Urteilenden der Andere nicht als »Du«, sondern als zu veränderndes empirisch Gegebenes gegenüber." (Fischer, 1979, S.34).
[90] ebenda, S.30.
[91] Fischer 1975, S.152.
[92] ebenda, S.80.

je persönlichen *Bildungsweges*[93] (*methodos* = Weg). Die Verortung ist horizontal, weil sich die Aufgegebenheit im Rahmen eines sogenannten „Motivationshorizontes" des Bildungssubjektes ereignet.[94] Die Vertikalen beziehen sich auf ein „System der Sinngebung".[95] Hier dreht es sich um eine „Didaktik", verstanden als ein System des *Bildungskanons*[96] (*didaskein* = Lehren). Die Verortung ist vertikal, weil sich die Aufgegebenheit im Emporstreben eines, in diesem Fall immer sinnvolleren – d.h., sich in der Sinndialektik *aufhebenden* (vgl. *elevare*)– Wissens manifestiert. In beiden Systemen entfaltet sich Sinn in Übereinstimmung mit der Logik des Einfalls.

Horizontal manifestiert sich Sinn also in der Form einer „Logik der Motivationshorizonte"[97], die jeden Menschen in seiner individuellen Sinnlage bestimmt. Gemeint ist mit diesem Konzept die Feststellung, „daß es in den verschiedenen Lebensaltern im Werdegang des Menschen eine Logik gibt, eine Logik nach der Art und Weise, wie sich das Positiv-Allgemeine [d.h., das uns Aufgegebene, T.A.] zu Motiven der Situation verbesondern kann [...]."[98] Die »Logik der Motivationshorizonte« betrifft folglich das bereits erläuterte Zusammenspiel vom positiven Sinn der Wirklichkeit in der Vorgegebenheit einer Situation und dem kognitiven Sinn des eigenen Bewusstseins, welches Fischer in diesem Kontext als einen „Mittelhorizont" beschreibt, in dem „das Mittelbare immer den Horizont der Situation umschreibt, der verfügbar ist, in dem die Mittel da sind, die der einzelne beherrscht."[99] Die sinnvolle Erweiterung des Horizontes erfolgt gemäß der Logik des Einfalls. Wird jedoch der »schöpferische Ursprung«, der dem Mittelhorizont über „eine neue Fraglichkeit" einen neuen Motivationshorizont eröffnet, nicht wahrgenommen, verschwindet das Inspirierende, Innovative (»Einfallsreiche«) des positiven Sinns in seiner Eigenschaft als Bildungssinn hinter dem »Zynismus«, der »Skepsis« und der »Routine« des kognitiven Sinns, was folglich das *Aus für die*

---

[93] Schmied-Kowarzik 1975, S.181.
[94] Fischer 1975, S.144ff.
[95] ebenda, S.80.
[96] Schmied-Kowarzik 1975, S.181.
[97] Fischer 1975, S.144.
[98] ebenda, S.145.
[99] ebenda, S.154.

Bildung bedeutet. Hier spricht Fischer wortsinngetreu von der Abgeschlossenheit der *Aus*bildung:

„In dem Augenblick aber, wo diese Fraglichkeit des Mittelhorizontes nicht eröffnet wird, wo also nicht der Anspruch des Unmittelbaren in das Mittelbare hineinspricht, in dem Augenblick hypostasiert sich der Mittelhorizont zu einem Eigenwert, es entsteht bloße Verfügbarkeit und die in ihm enthaltenen positiven Gehalte werden bloß mittelbare Interessenverbrämungen. Es geschieht eigentlich keine Bildung mehr, sondern der Mensch bleibt in der Ausbildung stecken."[100]

Vertikal manifestiert sich Sinn in einem System der „positiven Allgemeinbildung".[101] Hier vollzieht sich die Logik des Einfalles im *Sinn von Sinn* gemäß einer Dialektik von Sagen (kognitiver Sinn) und Meinen (positiver Sinn) innerhalb wissenschaftlicher Diskurse bzw. im Kontext des Lehr- und Lernstoffes. Die Sachverhalte einer bestimmten Wissenschaft bzw. eines bestimmten Faches erhalten aus der Perspektive einer anderen bzw. eines anderen einen Sinngehalt, den sie mit ihren Fragestellungen zwar meinen, aber nicht aussagen. Ein entsprechendes sinndialektisches Verhältnis besteht nach Fischer etwa zwischen der Physik und der Biologie: „Rein physikalisch gesehen haben wir es bei den Gliederbewegungen eines Insektes um reine Hebelwirkungen zu tun. Als Lebensfunktion haben sie nun etwa die Aufgabe der Lebenserhaltung, des Nahrungserwerbs, der Fortpflanzung usw.."[102] Das Gesagte der Physik, also die Hebelwirkung, meint eine Lebensfunktion, die im Rahmen der für einen physikalischen Diskurs typischen Fragestellungen nur impliziert, aber erst in der Biologie expliziert wird. Fischers Konzeption einer Sinndialektik zwischen wissenschaftlichen Diskursen beschränkt sich zwar auf lediglich 12 Wissenschaften.[103] Jedoch ist sein System der Didaktik den heutigen Erfordernissen problemlos anzupassen.[104] Vermag z.B. die

---

[100] ebenda.
[101] ebenda, S.88.
[102] ebenda, S.117.
[103] Fischer bezieht sich hier auf: Semantik, Logik, Mathematik, Physik, Biologie, Psychologie, Soziologie, Geschichte, Jurisprudenz, Politik, Kunst und Theologie, ebenda, S.85ff & 112ff.
[104] Es ist meiner Ansicht nach sinnvoller, nicht von Schulfächern, wissenschaftlichen Diskursen oder gar Wissenschaften auszugehen, sondern eher von Praxisfeldern, die

Hirnphysiologie den Vorgang eines Entscheidungsprozesses im Gehirn anhand einer Analyse neuronaler Aktivitäten immer genauer zu erklären, so muss sie die Frage nach dem Sinn eines freien Willens, der ihre Forschung motiviert, nach wie vor an die Philosophie weitergeben. Liefert die Psychologie verschiedene Erklärungen für Lerntheorien, so bleibt die Frage nach dem Sinn des Lernens im Wesentlichen eine pädagogische, usw..

Mit dem Konzept einer »positiven Allgemeinbildung« will Fischer einen pädagogischen Beitrag zur Vermeidung falscher Fährten auf der Suche nach Bildung leisten. Diese sind für ihn die »bildungsneutralen«[105] oder gar »verbildenden«[106] Wegweiser einer Über- oder Unterbewertung wissenschaftlicher Erkenntnisse in der Ergründung von Sinn. Wie ist nun die Rolle der Wissenschaften in dieser Sinnsuche genauer zu verstehen? Wie bereits ausgeführt wurde, ist die Grundvoraussetzung für das Stattfinden von Bildung ein Urvertrauen in das prinzipielle Vorhandensein von Sinn in der Welt und folglich in die daraus resultierende Erfahrbarkeit dieses Sinns. Fischers Pädagogik basiert auf der Überzeugung, dass

---

sich über Fragestellungen zu verschiedenen Grundbegriffen bestimmter wissenschaftlicher Diskurse definieren. Die Entwicklung der sogenannten »logischen Struktur«, d.h., der sinndialektischen Verknüpfungen zwischen den einzelnen Bildungskategorien, verläuft nicht gemäß eingrenzbarer Fachbereiche, sondern nach dem Prinzip einer Konkretisierung der Sinnhaftigkeit des menschlich wahrgenommenen Raum-Zeit-Gefüges - so etwa: *Zeichen* (Semantik, Logik, Mathematik), *Körper* (Physik, Biologie), *Person* (Psychologie), *Gesellschaft* (Soziologie, Geschichte, Jurisprudenz), *Gemeinschaft* (Politik, Kunst), *Gott* (Theologie). [M. Benedikt spricht hier von „der Differenzierung der Stereotypen des positiv-allgemeinen Sinnes wie Material, Kraft, Leben, Psyche, Population [...]." (Michael Benedikt, Einleitung, in: Fischer 1985, S.9-78: S.30)]. Folglich reichen manche Fragestellungen weit über den Anspruch ihrer äquivalenten Disziplinen hinaus, während andere sich lediglich auf Teildisziplinen beschränken. So spricht Fischer z.B. von der »Semantik«, bezieht sich aber auf das weite Feld aller sprachphilosophischen Voraussetzungen, die in irgendeiner Weise dem Verhältnis zwischen Signifikant und Signifikat zugrunde liegen. Was Fischer hingegen der Bildungskategorie der »Psychologie« zuordnet, betrifft seinen eigenen Angaben zufolge primär die Verhaltenspsychologie: „Was ist das Gesagte der Psychologie? Es ist zunächst das, was wir mit dem Wort Verhalten beschreiben würden. [...] Der Sinn des Gesagten der Psychologie des Verhaltens ist der Sich-Verhaltende." (ebenda, S.118n & S.119).
[105] siehe u. a.: ebenda, S.67, S.88f & S.103.
[106] siehe: ebenda, S.5.

es einen systematischen Zugang zu diesem Sinn gibt.[107] Die Wissenschaften haben in diesem Zusammenhang die Aufgabe, dem Bildungssubjekt eine zunehmende Kompetenz im Erkennen von Sinn zu ermöglichen. Dabei können die einzelnen Wissenschaften, die zwar alle mit ihren unterschiedlichen Fragestellungen jeweils dieselbe „ganze eine Wirklichkeit" meinen[108], trotzdem nie denselben »ganzen einen Sinn« dieser Wirklichkeit erfassen. Sie stellen lediglich „Erscheinungsformen des Bildungssinnes"[109] dar und ihre Funktion ist eher mäeutischer Natur[110], da sie den Sinn zwar konkretisieren (vgl. den biologischen Sinn der physikalischen Hebelfunktion), ihn letztendlich aber nie vollständig aussagen können (Was ist der Sinn des Lebens?!). Denn:

„jede Wissenschaft [hat] den ihr eigentümlichen bildungstheoretischen Ort. Dieser gibt für jede Wissenschaft an, in welcher Weise in ihren Aussagen der in ihr gemeinte Sinn mittelbar wird, und zugleich auch, in welcher Weise er unvermittelt bleibt."[111]

Hier wird deutlich: Der Bildungssinn des Menschen erschöpft sich weder in einer Flucht in die empirische Welt wissenschaftlicher Erklärungsmuster, in der beabsichtigt wird, das eigene Wissen durch die vermeintlichen Gewissheiten wissenschaftlicher Ergebnisse kontinuierlich abzusichern, noch in einer rein metaphysischen Suche nach Antworten, die „im Nachhinein dem modernen Wissenschaftsgebäude eine Ethik anzuhängen [versucht] [...] im Sinne von übergreifenden Ideologien oder Religionen."[112] Beide Möglichkeiten stellen „Verfehlungen des Bildungssinnes"[113] dar. Beide ignorieren den positiven Sinn der Vorgegebenheit, der die Voraussetzung für das Verspüren einer Aufgegebenheit ist. In der Überbewertung der Wissenschaften wird lediglich das (in unserem Bewusstsein) Gegebene und nicht die Wirklichkeit zur Grundlage des Wissens

---

[107] „Wir machen die Erfahrung, daß der Sinn in sich selber in einem System von Strukturen geordnet ist", ebenda, S.37.
[108] ebenda, S.133.
[109] ebenda, S.15.
[110] siehe: Derbolav 1970, S.63.
[111] ebenda, S.88.
[112] Anne Fischer-Buck, Franz Fischer 1929-1970. Ein Leben für die Philosophie, Wien 1987, S.103.
[113] Fischer 1975, S.82.

erklärt. Hierbei handelt es sich nach Fischer um einen „bildungsneutralen Operationalismus"[114]. Den Sachverhalten wird in ihrer Eigenschaft als Erfahrungstatsache bereits Sinn zugesprochen, so dass der Grundbegriff der Bildung und damit auch ihre Erscheinungsformen schlichtweg als empirisch erfassbare Tatsachen angenommen und die Bildungsphänomene je nach Operationalisierung als »eigentliche«, objektiv messbare Ausprägung von Bildung herangezogen werden (vgl. empirische Betrachtungsweise). Oder aber den Sachverhalten kann aufgrund ihrer Beziehung zu anderen Sachverhalten in einem Ableitungssystem, das *ad infinitum* geführt werden kann, grundsätzlich kein vorausgesetzter Sinn zugesprochen werden (vgl. philosophische Betrachtungsweise). In beiden Fällen ist das Wissen nicht Ausdruck der positiven Wirklichkeit als Vorgegebenheit, sondern lediglich der negativen Wirklichkeit als Gegebenheit und somit »bildungsneutral«.

In der Unterbewertung der Wissenschaften findet gar eine *Ver*bildung statt. Entweder wird Wissen missbraucht, um eine falsche, verzerrte Wirklichkeit darzustellen. In diesem Fall wird das Vorgegebene zu einem „Übergegebenen" einer Scheinwirklichkeit verkehrt. Hier spricht Fischer zu Recht von einer „Ideologisierung" bzw. „Hypostasierung".[115] Oder, ausgehend von dieser Gefahr eines ideologischen Missbrauchs der Wissenschaften, wird irrtümlicherweise hinter dem Wissen die wahre Wirklichkeit vermutet, so dass man lediglich „den methodischen Prozess der Erkenntnisfindung durchschauen [müsse]", um sie zu erreichen. Doch damit wird nur das »Übergegebene« auf das Gegebene reduziert. Entsprechend redet Fischer hier von einer „Reduzierung".[116]

Bildungsneutralität und Verbildung entstehen nach Fischer v.a. dann, wenn der Mensch dazu tendiert, das Vorgegebene – die positive Wirklichkeit – im Gegebenen – in der negativen Wirklichkeit – aufzuheben und somit von einer Disposition der »Halbbildung« aus die Welt zu erschließen. Die Lösung liegt für Fischer in einer Pädagogik, die von der *Positivität der Wirklichkeit* ausgeht:

---

[114] ebenda, S.88f.
[115] ebenda, S.82, S.89 & S.106.
[116] ebenda, S.90 & S.106.

„Alle Dogmatiken bis heute bestehen in einer Negation des Endlichen zum Unendlichen. Ich glaube nun aber jene Negation des Endlichen gefunden zu haben, [...] weil ich nicht beim Denken oder Sprechen ansetze, sondern beim Sinn."[117]

D.h., die Suche nach dem Grund für unsere menschliche Existenz, also »die Negation des Endlichen zum Unendlichen«, die wir Menschen gewöhnlich über das »Denken oder Sprechen« vollziehen, greift nach Fischer deshalb zu kurz, weil sie im Grunde genommen nicht erst der Reflexion entstammt, sondern einem Sinn, „den das Denken denkt, der es erst sinnvoll macht und der Inhalt ist, auf den es sich dann als Vermittlung richtet."[118] Bevor ich also z.B. frage: »Was ist der Sinn meines Daseins, meines Wissens, meiner gegenwärtigen Situation etc.?« (was eine Reflexion als Gedankenbewegung innerhalb dieses Fragesinns darstellt, vgl. selbstreflexive Frageform), hat es bereits immer schon einen Anlass gegeben, sich diese Frage erst als solche zu stellen (d.h., einen diesen Fragesinn wiederum motivierenden Sinn, vgl. sinnreflexive Frageform). Wenn ich nun versuche, diesen Anlass zu reflektieren, habe ich jenen Sinn, der mein Denken ursprünglich motiviert und *ergo* ihm vorausgesetzt ist, schon in mein Denken hineingeholt und dabei zwangsläufig vergessen, dass dem so neu gedachten Sinn wiederum bereits ein motivierender Sinn, ein Anlass, vorausgesetzt war – nämlich der Sinn, im ursprünglichen Fragesinn einen weiteren Sinn zu ergründen.

Zusammenfassung: Sinnbildung als Bildungssinn

Mit der Feststellung eines über den Sinn der Frage sich offenbarenden Bildungssinnes erklären sich nun zugleich die Notwendigkeit und die Schwierigkeit der Kommunikation einer sinntheoretischen Pädagogik. Um dem Anspruch des vorausgesetzten Sinns gerecht zu werden, darf die Voraussetzung stets nur als Voraussetzung – als das »Daß des Vorausgesetztseins« – im Denken festgehalten und nicht mit seinem »Wie« oder »Was« gleichgesetzt werden. Das bedeutet, dass es möglich und daher notwendig ist, innerhalb unserer Reflexion den uns als Menschen be-

---

[117] ebenda, S.133.
[118] ebenda, S.17.

stimmenden Sinn in seinem *Vorausgesetztbleiben* zu erfragen und somit die Spur eines jeden gedachten und ausgesagten Sinns zu dem Punkt zurückzuverfolgen, an dem „die Reflexion auf die Möglichkeit der Reflexion vollzogen und zum Prinzip erhoben worden [ist]."[119] Notwendig ist dieser Schritt schon allein deswegen, weil wir darin erkennen, dass dieser nicht aussagbare aber gemeinte Sinn unsere Wirklichkeit als Menschen grundsätzlicher, ganzheitlicher berührt und bestimmt, als es seine reflektierte Form je tun könnte. Schwierig ist dieser Schritt aber zugleich, weil er ein Denken erfordert, das die übliche Grenze des Denkens als das Denken der äußersten Möglichkeit des Erdenklichen zugunsten einer Reflexion, die „den Sinn dieser Grenze als Grenze von Reflexion schlechthin [vermittelt]"[120], überschreitet. D.h., wir werden von Fischer aufgefordert, das dialektische, selbstreflexive Denken, das sich die „Grenze *als* Grenze" selbst denkt, um dann im Namen des Progressivismus stetig das jenseitig dieser Grenze Liegende in das Diesseitige zu überführen, in Richtung eines „sinnreflexiven" Denkens zu überwinden[121], dessen Grenze sich nun „im Begriffe der Grenze unseres Begreifens in sich selbst [erhellt]."[122] Das bedeutet, *zwischen der Grenze, die als gedachte Grenze bereits ihr Jenseits denkt und somit von uns selbst gesetzt wird und der Grenze, die als Grenze des Denkens sein Jenseits ist und bleibt und sich somit selbst setzt, besteht kein gradueller sondern ein prinzipieller Unterschied.*[123]

Wenn wir bereit sind, die Notwendigkeit dieses Prinzips eines uns stets vorausgesetzten Sinns zu erkennen und damit die Schwierigkeit seines Nachvollzuges akzeptieren, dann befinden wir uns bereits mitten im Bildungsgeschehen. Indem Sinn auf diese Weise Form annimmt – gebildet wird – und so konkret-situativ auf seine jeweilige Vorausgesetztheit verweist, bildet er zugleich den Bildner. Sinn bildet also, indem Sinn gebildet wird. Oder anders ausgedrückt: Der Bildungssinn erfüllt sich in der Sinnbildung.

---

[119] ebenda, S.33.
[120] Fischer, Das Freiheitsproblem als System des Sinnes von Sinn, in: ders. 1980, S.187.
[121] siehe: Fischer 1975, S.38.
[122] ebenda, S.34.
[123] zur Kritik an der sich selbst setzenden Grenze bei Hegel, siehe: Franz Fischer, Die Idee, in: Fischer 1985, S.80-82. Vgl. auch Fischers Kommentar zum Unterschied zwischen Tatsachenforschung und Grundlagenbesinnung (Fischer 1975, S.13).

Inwiefern dokumentiert sich in den Beiträgen ein Lernen als „wechselseitige Bildung"?

Ein Nachwort

Anne Fischer-Buck

Um diese Frage beantworten zu können, beziehe ich mich auf zwei Denkbewegungen Franz Fischers. Die erste stammt vom Anfang (1954)[1], die zweite vom Ende (1969) seines Philosophierens [2]. Zur ersten: So wie wir unser aktuelles Denken nicht in actu denken können, so können wir auch unsere eigene aktuelle Bildung im Prozess nicht denken, weil wir bei diesem Versuch die Ganzheit unserer sich bildenden Person aufspalten. Wenn uns aber ein Bildungsschritt im Nachhinein bewusst wird, dann ist dieser als Ergebnis aus dem aktuellen Prozess herausgelöst. Das würde heißen: Meine eigene persönliche Bildung kann ich im Prozess nicht reflektieren, wohl aber das Gelernte.

Zur zweiten Denkbewegung: Hier beziehe ich mich auf die Figur einer proflexiven Beziehung vom Ich und Du auf der einen Seite und dem oder der Dritten auf der anderen. Der oder die Andere kann die wechselseitige Bildung zwischen dem Ich und dem Du wahrnehmen, ohne sich aufzuspalten. Von dieser Position her möchte ich auf das, was ich erkennen kann, hinweisen. Was dabei möglich ist und was nicht, lässt sich zeigen, wenn ich einen weiteren Gedanken gefasst habe:

Durch die Einführung der Lernziele positiver Kompetenzen in den heutigen Lerntheorien, ist *Lernen* ähnlich wie *Bildung,* von vornherein sinn- und wertbezogen. Man könnte auch mit Franz Fischer sagen: Lernen im heute geforderten Sinn setzt Bildung selbstverständlich voraus. Oder anders ausgedrückt: Bildung der Menschlichkeit des Menschen ist die hier *unvermittelt vorausgesetzte Wirklichkeit* pädagogisch verstan-

---

[1] In: Franz Fischer, Philosophie des Sinnes von Sinn, Bd. 1 d. nachgel. Werke, hrsg. u. mit einem Vor- und Nachwort versehen von E. Heintel, Kastellaun 1980.
[2] In: Franz Fischer, Proflexion. Logik der Menschlichkeit, Bd. 4 d. nachgel. Werke, hrsg. v. M. Benedikt u. W. Priglinger, Die Bildungsnot (S. 597-599), Wien / München 1985.

denen Lernens. Für Franz Fischer wiederum war *Lernen* ein selbstverständlicher Teil von Bildung. Aber durch seine Differenzierung von Reflexion auf das eigne Ego und Proflexion auf den Sinn des oder der Anderen kann er ein rein funktionales Lernen, das Herrschaft des Ego über andere ermöglicht, von einem sinnbezogenen Lernen, das zur menschlichen Bildung des Selbst führt, unterscheiden. Zugleich ist das funktionale Lernen *im* Bildungsprozess eine sinnvolle Notwendigkeit – auch wenn das reine Üben z.B. von Vokabeln schwer fällt –, weil die Situation in ihrer inhaltlichen Bestimmung einen *Bildungssinn,* eine Aufgabe enthält, die funktionales Können erfordert.

Von diesen Voraussetzungen aus kann ich einen Blick auf die Wechselseitigkeit der Bildung in der vorliegenden Dokumentation werfen. Geschieht hier wirklich das, was Franz Fischer in seinem Text zur *Bildungsnot* so beschreibt?

> „Die Bildungsnot löst sich durch die wörtliche Partnerschaft derer, die miteinander den Weg der Wissenschaft aus der Abkunft in die Zukunft gehen [...] Im Bildungsgespräch ergänzen die Lehrenden die Antworten der Lernenden durch ihre Fragen fort, so daß sie auch lernen, und die Lernenden ergänzen die Fragen der Lehrenden durch ihre Antworten fort, so daß sie auch lehren. – Indem also beide Teile von Frage und Antwort her auf das Ganze der Forschung hin zusammenleisten, ergibt sich eine Wechselseitigkeit zwischen beiden, in der die Dozenten die ältere Erfahrungskraft ihres früheren Beginnens und die Studenten die neuere Erfahrungskraft ihres späteren Beginnens im Entwicklungsgang der Wissenschaft tauschen." [3]

Ohne Schwierigkeit sehe ich, was die Studierenden im »Bildungsgespräch« gelernt haben. Wer selbst mit den schweren Texten Franz Fischers gearbeitet hat, kann sich eigentlich nur wundern, wie tief die jungen Leute eingedrungen sind. D.h. das *Gelernte* ist deutlich zu erkennen

---

[3] ebenda, S.597f.. Die eigenartige Sprache entspricht den Sprachexperimenten, die F. Fischer in der letzten Phase seines Philosophierens erprobte. Interessant ist dieser 1969 bei der ZEIT eingereichte Beitrag, weil er eine Antwort auf die 68er Bewegung war und das „Gemeinte" ihres Engagements aufnimmt, um es - entgegen dem destruktiven Überschwang - in eine konstruktive Logik zu bringen, die jetzt in fortschrittlichen Schulen tatsächlich verwirklicht wird. Erstaunlicherweise konnten die Potsdamer Studierenden mit dieser Sprache umgehen.

und man könnte es auch analysieren. Was sich in den Studierenden dabei jedoch an persönlicher Bildung vollzogen hat, ist nicht in dieser Weise festzuschreiben. Man ahnt es als Pädagoge und freut sich, scheut es aber mit Recht, diese in einem jeden *vorausgesetzte innerste Wirklichkeit* zu objektivieren. Vor dem Hintergrund der wechselseitigen bildenden Ergänzung bekommt in den vorliegenden so unterschiedlichen Texten z.B. die Kritik des fehlenden Apparates eine ebenso positive Bedeutung wie – gleichsam am anderen Ende der Skala – das Nicht-Wissenschaftliche der gefühlsmäßigen Angesprochenheit. Denn vielleicht ist es ebengerade einmal Aufgabe und Chance des Kritikers, diesen oder einen anderen Text in einer „Kritischen Ausgabe" mit dem Fehlenden zu ergänzen. Und es wird deutlich, dass in der Mühsal des Apparates der Sinn einer Vernetzung des Wissens liegt. Und auf der anderen Seite ist der unmittelbare gefühlsmäßige Anfang genau das Richtige, aus dem sich dann die Bildungsbewegung durch Frage und Antwort ergänzend vervollständigen lässt.

Ich habe die Arbeit von Thomas Altfelix aus der Ferne und sporadisch miterlebt und ich weiß aus eigenen Versuchen, wie schwer die Texte ohne Übersetzung für die junge Generation sind. Und daher kann ich sehen, welch' erstaunliche Fähigkeiten er bei seinen Seminarteilnehmern hervorgelockt hat, und ich ahne auch, was er „wechselseitig" von ihnen gelernt hat: Das zeigt sich in der Einführung, in der er zunächst die Frische und Unvoreingenommenheit „junger Akademiker" als Chance begreift; dann aus den Reaktionen der Lernenden die „Schwierigkeiten in der Fischerrezeption" für sich erschließen will und dabei darauf aus ist, die „verschiedenen Zugangsmöglichkeiten zum Denken Fischers" in den Beiträgen wahrzunehmen. Ohne das Gegenüber der Lernenden hätte er diesen Text gewiss nicht so klar schreiben können.

Das Ergebnis dieses Lernens von den Lernenden stellt er im Schlusskapitel als „Schwierigkeit und Notwendigkeit einer Rezeption der Bildungsphilosophie Franz Fischers" detailliert dar. Und nun kommt es zur Fortbewegung der dialogischen Bildung über das Wir der ersten „Bildungspartnerschaft"[4] hinaus. Denn Thomas Altfelix wendet sich ja nun

---

[4] ebenda, S.598.

mit der Dokumentation an den Leser z.B. auch an mich und unversehens gibt es nun zwischen dem Potsdamer Wir des Studierenden-Symposions und mir als Anderer wiederum eine Bildungspartnerschaft. Und ich habe aus jedem Beitrag und aus der ganzen Unternehmung für mich überraschend Neues gelernt. Das Gelernte könnte ich wohl in Worte fassen. So wurde mir zum Beispiel deutlich, dass Franz Fischer im Aufsatz der *Bildungsnot* mit seinem so deutlich ausgesprochenen Begriff einer *wechselseitigen Bildung* am Schluss seines Lebens eine Position in der Proflexionsphilosophie erreicht hatte, mit der er die *Bildungskategorien* noch einmal hätte durcharbeiten können.

Was nun aber den Bildungsprozess angeht, so werden auch andere im Lesen so wie ich wohl spüren, *dass* hier ein Bildungsprozess bei jeder Autorin, jedem Autor in Gang gesetzt worden ist – und dieses Dass lässt sich auch dokumentieren –, aber *worin* die persönliche Bildung der Einzelnen besteht, *wie* der individuelle Lernprozess im Innersten vor sich geht, das lässt sich nicht in objektivierende Worte fassen. Wir ahnen das Bildende nur und es beglückt uns, weil auch wir daran Anteil haben. Gerade dieses unverletzbare Geheimnis aber ist es, aus der die nicht machbare wechselseitige Bildung lebt. Und aus eben dieser Wechselseitigkeit kann die Freude trotz allen Schwierigkeiten im pädagogischen Alltag kommen, die immer entsteht, wenn wir spüren, dass wir ein Stück auf dem Weg zur eigenen Selbstwerdung weiterkommen.

Bleibt noch eine andeutende Begründung für unsere Kombination von Lernen und Bildung. Wir stehen hier erst am Anfang eines Dialoges zwischen modernen Lerntheorien und Franz Fischers Bildungstheorie, auf den wir hoffen. Ein Anfang scheint uns gegeben durch die Entsprechung von den Kompetenzen der Lerntheorien und der Vertikalität der Bildungskategorien. So lassen sich leicht Anknüpfungen zwischen der sozialen Kompetenz der Lerntheorie und dem vertikalen Aufbau vom bildenden Sinn der Biologie, über den der Psychologie hin zu dem der Soziologie finden. Diese Linie lässt sich fortsetzen mit der Beziehung zwischen einer Person-Kompetenz und der vertikalen Sinnbewegung über Recht, Politik, Kunst und Religion. Das Thema der Sachkompetenz finden wir wieder im sinnbezogenen Aufbau von Semantik, Logik, Mathematik und Physik. Methodenkompetenz bieten die Stufen der horizontalen Bildungskategorien der einzelnen Wissenschaften. Das sind, wie ich es nennen möchte, noch sehr „fragile Entsprechungen" auch wegen des Skizzenhaften des Fischerschen Entwurfes. Aber sie könnten unerwartete Sicherheiten bringen, wenn wir dem nachgehen, was Franz Fischer „Grundbegriffe der Wissenschaften" nennt. Gemeint ist damit die unausgelegte, unmittelbare Beziehung jeder Theorie zur lebendigen Wirklichkeit selbst (zur *unvermittelt vorausgesetzten Wirklichkeit*). Bezogen auf die heutigen Lerntheorien heißt das: sie setzen die positive Bildung des Menschen durch Lernen voraus. Darin liegt kein Fehler. Lernen – pädagogisch gesehen – muss diese Voraussetzung machen. Aber philosophisch-ethisch gesehen muss und kann der Sinn pädagogischen Lernens noch einmal hinterfragt werden. Und dabei stellt sich im Funktionieren des Lernens eine Differenz heraus, die wir als PädagogInnen nicht übersehen dürfen, denn sie macht gerade den Sinn unserer Bemühungen aus: Lehren und Lernen wir Wissenschaften, ohne von vornherein ihre Begründung in einer sinnvollen lebendigen Wirklichkeit so zu vermitteln, dass diese Quelle uns auf jedem Schritt begleitet, dann kann sich der Lernprozess und können sich die Erkenntnisse von dieser Quelle lösen: Lernen verliert dann seinen ethischen Sinn und lässt sich zum Instrument einer widersinnigen egozentrischen Herrschaft umfunktionieren.

Wenn die Studierenden in der vorliegenden Dokumentation sozusagen mit ihrem eigenen Kopf aus dem sehr schweren Text herausfinden, dass die Gewissheit des Wissens pädagogisch noch nichts ist, wenn sie nicht so vermittelt wird, dass sie in der Gewissheit des Gewissens begründet ist, dann sind sie auf dem Weg der Bildung durch Lernen. Und ein solches auf Gewissen und Verantwortung bezogenes Lernen wird auch schon längst z.B. in der Biologie als Umweltverantwortung verwirklicht. Jedoch macht es für die Durchgängigkeit menschlicher Bildung Entscheidendes aus, ob etwas „immer schon" oder auch vereinzelt geschieht oder ob eine durchgehende Einsicht in die Bedeutung des Gewissens unser Lernen und Handeln bestimmt.